AF444099

Apreciatividad en acción

Diseño de tapa:

JUAN PABLO OLIVIERI

LAURA ISANTA

Apreciatividad en acción

Una guía práctica para la vida cotidiana

GRANICA

ARGENTINA - ESPAÑA - MÉXICO - CHILE - URUGUAY

*Dedicado a todos aquellos que creen
que sus acciones importan y pueden hacer
una diferencia positiva en el mundo (quedan excluidos
quienes creen que este mundo no tiene remedio)*

Índice

La receta de la felicidad

Desde que comencé mis estudios sobre felicidad y bienestar*, las personas me preguntan recurrentemente:

—Laura, ¿cuál es la receta de la felicidad? Si estás estudiando y trabajando sobre felicidad, ¡seguro tendrás la receta! —me dicen.

En verdad nunca supe bien qué responder. Había estudiado muchos de los ingredientes de la felicidad, pero las formas de mezclarlos y cocinarlos variaban de un maestro a otro, tal cual ocurre con la receta de una paella, que varía según su lugar de origen y el arte del cocinero.

Hay algunos ingredientes compartidos en los diferentes modelos de felicidad; por ejemplo, la calidad de nuestras relaciones es recomendada por la mayoría como el condimento indispensable. El resto de los componen-

---

* Diplomada en Felicidad Organizacional – Diplomada en Psicología Positiva – Entrenadora y facilitadora certificada por la Happiness Studies Academy.

tes varían, se mezclan y se cocinan de numerosas formas según sus autores.

Conocer los diferentes aspectos que dan vida a la felicidad no es poca cosa, ¡es un dato muy importante! Muchas veces las personas buscamos felicidad en los lugares equivocados; nuestra vida tiene tiempo limitado, no estaría bueno darnos cuenta tarde que hemos usado los ingredientes y la receta de una vida poco o nada feliz. Es conveniente tener pautas para el camino, por eso los estudios en felicidad son un gran recurso.

Si alguna vez me vi tentada a recomendar *La receta de la felicidad*, el sentido común me rescató de engañar a las personas con salidas fáciles, como puede verse en muchos libros de autoayuda, *Ocho pasos hacia la felicidad*, donde el primero obviamente es: ¡Compre el libro!

Sin embargo, hace unos días, buscando una frase para la pizarra de mi cocina, encontré una receta con la que estoy a gusto y con la que siento que no engaño a las personas: "La receta de la felicidad lleva mucho huevo".

Sean cuales fueren los componentes de la felicidad que elijamos seguir o la forma en que los mezclemos, hay un ingrediente indispensable: coraje para ponerlos en práctica. Pude observar a lo largo de mi camino que el coraje, y no estoy hablando de temeridad, es el que hace la diferencia entre las personas más o menos felices.

Coraje para tomar decisiones difíciles, coraje para ser quienes somos, coraje para mostrar nuestra vulnerabilidad, coraje para amar y romper modelos, coraje para vivir.

La felicidad es subjetiva y no depende tanto de lo que poseemos y de nuestros logros sino del valor que cada uno de ellos tiene para nosotros. Con lo cual, si entrenamos nuestras habilidades apreciativas hay muchas posibilidades de que con lo mismo que hoy disponemos aumenten nuestros niveles de satisfacción en la vida. Queda claro entonces el impacto que el ingrediente *Apreciatividad* tiene en la felicidad de las personas, y se requiere mucho coraje para poner en práctica esta habilidad en muchos de los contextos en los que vivimos.

Tal vez no fui tan clara sobre esto en mi primer libro, como tampoco lo fui con uno de los componentes de la *Apreciatividad*: la acción; no desarrollé estos puntos con la fuerza suficiente como para que se comprenda su importancia.

En este nuevo libro hago especial hincapié en la acción para que no queden dudas respecto de qué hablamos cuando hablamos de Apreciatividad y su diferencia con la apreciación, con la que comúnmente se la confunde.

Ya conocerás a lo largo de este libro mi amor por las palabras y cuánto me divierte inventar nuevas. Hay una, que no sé en qué momento la inventé, que puede ayudar a comprender mejor el binomio de la *Apreciatividad*: Aprecio + Acción; la palabra es: *ApreciAcción*. Recuérdala, te va a ser muy útil para tus prácticas apreciativas, para ir por más y no quedar cautivado por la apreciación y anclado en ella.

Hay tres halagos que recibí sobre mi primer libro que me dan mucho orgullo. Uno, que no es un manual de autoayuda mediocre y sin sustento; otro, que mi voz está presente a lo largo de todo el libro, muchas personas que me conocen sienten que es a mí a quien escuchan mientras lo leen. Y, por último, y para mi sorpresa, muchos ponderan la manera en que relaté las anécdotas e historias de mi propia vida y que utilicé para mostrar las hipótesis y teorías que buscaba transmitir.

Así que, como buena apreciativa que soy (o al menos busco ser), tomé estos tres halagos, apreciaciones y reconocimientos y decidí expandirlos y sacarles aún más brillo en este nuevo intento de comunicarme con los lectores.

Este es un libro de historias personales, anécdotas propias que utilizaré como inspiradoras de conductas y aprendizajes útiles. Tarea difícil, tanto la selección como la decisión de hacerlo. Mostrarme a través de mis historias, abrir mi vida y confiar en que hacerlo puede ayudar a otros no fue una decisión fácil. Me vi tentada algunas veces a esconder ciertos detalles, y seguro lo hice, por miedo a ser juzgada, pero luché todo el tiempo por mostrarme genuina y auténtica y espero haberlo logrado porque siento que solo así podré dejar en ti la impronta que deseo. Desde que mi primer libro fue publicado noté la admiración que muchas personas sienten por quienes escribimos; nos ven como seres especiales y contando mis historias busco que te des cuenta de que soy especial y única, como lo eres tú, pero a la vez también soy alguien común y corriente, como también lo eres tú.

No encontrarás aquí teoría explícita; sin embargo, su contenido es producto de toda la teoría y experiencia que acumulé a lo largo de mi vida. Las reflexiones que verás en cada capítulo, luego de cada relato, son resultado de mis experiencias de vida, todas ellas atravesadas por los conocimientos académicos adquiridos en cursos y formaciones que realicé, y muy especialmente por aquellos afines a la felicidad y el bienestar.

Hay además un espacio donde desarrollo mi mirada sobre los aprendizajes y conductas de la historia que relato previamente, no como verdades inamovibles sino como una invitación a que sumes tus propias reflexiones a medida que te internes en la lectura. Desafía mis reflexiones, piensa por ti mismo, reconoce tus propias historias mientras lees y encuentra la inspiración para tu práctica. La propuesta es que reflexionemos juntos.

Y en esta obra también encontrarás una novedad: ejercicios. Porque, como ya dije, la *Apreciatividad* es acción y no aprenderás y desarrollarás tus habilidades apreciativas solo leyendo historias y reflexiones. Debes encontrar tus propias historias, reflexiones y aprendizajes por medio de la práctica y la ejercitación.

Lo haremos juntos, te acompañaré en este camino de autodescubrimiento a lo largo de cada capítulo y lo haremos como cuando éramos niños e íbamos a nuestra clase de ciencias, ¿lo recuerdas?:

- Poníamos el foco en algo que queríamos investigar y lo explorábamos.
- Reflexionábamos sobre los hallazgos.
- Aplicábamos lo aprendido en otros dominios de nuestra vida.

La idea es que en ese "Cuaderno de ciencias apreciativas" no solo registres datos y resultados sino también tus pensamientos y emociones.

Recuerda que solo incorporarás *Apreciatividad* a tu vida si tienes el coraje de practicarla; la receta de la *Apreciatividad* también lleva mucho huevo. Requerirá de tu coraje para desafiar viejas creencias y paradigmas, coraje para cambiar hábitos, coraje para ser diferente en algunos entornos, coraje para tomar decisiones, coraje para ser feliz.

Por último, encontrarás al final de cada capítulo una serie de preguntas que te invitan a reflexionar sobre la práctica, de modo de poder anclar la *Apreciatividad* en la experiencia para poder expandirla y hacerla crecer en ti y en las personas con las que te relacionas. De este modo te convertirás en un auténtico Activista Apreciativo, lo cual, en definitiva, es el propósito principal de este libro. La esencia de la *Apreciatividad* está en ser capaces de percibir y encontrar lo valioso, y no para conformarnos con ello, sino para construir mejores futuros.

Es decir, busco que este libro te aporte nuevas miradas y maneras de andar que redunden en mayor bienestar y felicidad para ti y que, además, sirva de motivación para que los resultados de tus prácticas apreciativas toquen y aporten positivamente en la vida de otros.

El objetivo final, querido lector, es que podamos construir juntos un mundo mejor.

Nota dirigida al lector

Mi intención querido lector es que, al leer este libro, te sientas inspirado a aminorar tu marcha y contemples todo lo que **la vida trae**.

Seguramente me dirás que la vida trae lo bueno y también trae lo malo, y es cierto. Aunque yo no lo llamaría así, yo prefiero pensar en agradable y desagradable.

Estoy segura de que muy probablemente lo desagradable no pase inadvertido y tal vez se te quede pegado más fuertemente en tu día a día y, dependiendo de su impacto, vuelva a tu memoria con mayor recurrencia que lo bueno.

Ahora bien, ¿qué te ocurre con lo agradable, con aquello que sale bien? Apuesto a que lo distingues menos y se diluye más fácilmente de tus recuerdos.

¿Eres capaz de percibir aquello que aporta al fluir armonioso de la vida y la hace más amena?

Cada tanto es bueno detenernos a revisar nuestros días y observar todo lo preciado que contienen; entonces descubriríamos muchas de las experiencias que hemos vivido y nos han hecho la vida mejor.

En definitiva, detenernos y observar nuestras riquezas es prepararnos para pasar junto al oasis sin dejar de beber.

Te invito a una apasionante travesía

Tienes en tus manos una guía de viaje para vivir *una gran aventura apreciativa*. Es un viaje de descubrimiento para experimentar con todos los sentidos y en el que aprenderás nuevos saberes e irás redescubriendo olvidadas fortalezas y aptitudes, donde encontrarás además nuevas maneras de hacer lo mismo, pero a la vez distinto. Seguramente también te lleve a perderte, a encontrar en cierto momento una salida y tal vez a develarte insospechadas oportunidades. Un viaje que te conectará con la abundancia y el sentido de la vida.

Se necesita coraje para emprender esta aventura. Tal vez uno distinto del que hace falta para las grandes hazañas, como escalar el Everest o cruzar el Atlántico en un pequeño velero. Requiere de ese coraje que muchas veces necesitamos para avanzar en la vida, la audacia de atreverse a pesar de la falta de garantías.

Recorrerás cada capítulo y descubrirás sus misterios al adentrarte en ellos, y te recomiendo que te dejes inundar por tus sentimientos y sensaciones. Finalmente, cargarás tu equipaje con los saberes y reflexiones que te ha dejado y continuarás tu camino. A veces sentirás que viajas para resignificar tu pasado; otras, que lo haces para encontrar tu futuro.

Serás una mezcla de explorador y mensajero. De nada sirve pasar por los capítulos si no sales transformado de ellos y tampoco es justo que escondas los tesoros encontrados; es ley del viajero que se le note su transformación y contagie a otros con ella.

Esta bitácora de viaje es el espacio en el que podrás registrar datos y resultados, pero lo que le dará vida serán tus pensamientos y emociones.

¡Bienvenido a la gran aventura apreciativa!

Solo una cosa más …

Este viaje no se hace en línea recta buscando llegar al cielo por el camino más directo, como ocurre en la rayuela, sino como lo requiere la vida, saltando, avanzando y retrocediendo. Cayéndose para volver a saltar, lanzando la piedra sin saber con certeza dónde caerá.

¿De dónde partirás? Del punto de llegada. Es decir, del momento presente al que has arribado por diferentes caminos trayendo contigo tu equipaje con recuerdos y experiencias pasadas. También traes cosas que atesoras como sueños, aspiraciones y anhelos.

¿Adónde llegarás? A un nuevo punto de partida. Este es el objetivo de tu viaje: vivir experiencias, indagar, reflexionar, resignificar, desaprender y aprender para que puedas estar alistado y preparado para iniciar nuevas travesías. Deja que la curiosidad y la intuición te guíen y ábrete para descubrir los tesoros que te depare el camino.

Capítulo 1

A-P-R-E-C-I-A-T-I-V-I-D-A-D

Catorce letras que aún no están en el diccionario. El mundo de las palabras siempre me fascinó y si recorro la historia de mi vida puedo comprobar que nunca me faltaron maneras para rodearme de ellas.

Recuerdo aquellas tardes en casa de mi abuela Ada jugando al scrabel alrededor de la mesa del comedor. Las fichas eran de madera y el tablero estaba visiblemente ajado. La caja del juego siempre llegaba a la mesa acompañada de los tres gordos tomos del diccionario Océano que usábamos para controlar las palabras durante la partida.

Habíamos establecido una norma. Si la palabra que colocábamos en el tablero no estaba en el diccionario, el jugador debía entonces retirar las fichas y perdía su turno, con lo cual debíamos estar muy seguros de las palabras que formaríamos en cada jugada.

Me ideé una estrategia para asegurarme qué palabras pondría sobre el tablero: así comencé a leer diccionarios.

Cada noche, al irme a dormir, abría el mamotreto en alguna letra sobre la que quería curiosear y me zambullía en su texto y nadaba entre las palabras con el propósito de acumular más posibilidades para mi próxima partida. Había letras que me importaban mucho porque me aseguraban un alto puntaje si lograba con ellas buenas combinaciones. La J, la X o la K ponían a prueba mis neuronas y al comenzar a leer diccionarios fui más efectiva en el juego. Aprendí que *xa* era el título del soberano de Persia, que *xeno* es gas xenón y que el *jalde* era un amarillo subido. Y también vocablos que me interesaban para luego releerlos y memorizarlos. Cuando jugábamos y utilizaba alguna palabra que parecía extraña rápidamente recibía objeciones de mis contrincantes, y confieso que nada me gustaba más que ver sus caras de asombro al chequear en el diccionario que la palabra no solo existía, sino que la definición que les había dado era la correcta.

En verdad, mi primer gran diccionario viviente fue mi abuela Yaya. Ella fue una mujer a la que le encantaba leer y su vocabulario lucía realmente amplio. Era española y siendo niña había recibido una muy buena educación en Barcelona. Le fascinaba leer el diario y cuando un ejemplar llegaba a sus manos lo leía desde la primera a la última página. Leía todo: las noticias de crímenes, las económicas y hasta las de fútbol.

A mis amigas y a mí nos encantaba jugar con ella porque ponía a prueba nuestras capacidades. Si colocaba una palabra en el tablero, por muy extraño que nos pareciera el vocablo, seguro lo encontrábamos en el diccionario. Además, ella disfrutaba de trasnochar, así que nos quedábamos jugando hasta bien entrada la madrugada. Una taza de café, una barrita de chocolate y una copita de licor dulce era todo lo que ella necesitaba para adentrarse en el juego. Es más, nuestras mejores partidas las recuerdo en camisón y pantuflas.

Un día anunciaron un campeonato de scrabel en un bar al que mi amiga Mariana y yo acudíamos a menudo y decidimos anotarnos. Era una competencia espinosa porque había rivales muy entrenados. Así y todo, decidimos participar. Llegamos al lugar muy entusiasmadas y tomándonos el desafío muy en serio. Comenzaron las partidas y fuimos pasando los niveles hasta llegar, ya adentrada la noche, al final del juego. Había un joven que oficiaba de juez al que cada equipo podía recurrir para que la palabra colocada por su contrincante fuera chequeada en el diccionario. Aquella noche cada punto era muy valioso y cualquier error podía significar perder la partida. Ya sobre el final, y casi empatados en puntos, Mariana y yo colocamos sobre el tablero una palabra que ofuscó a nuestros rivales y rápidamente uno de ellos dijo:

—¡Esa palabra no existe!

La palabra contenía z, lo que nos daba un puntaje que casi nos aseguraba el triunfo. Yo sabía que la palabra estaba bien, la había aprendido de mi abuela, así que con mucha seguridad llamé al juez.

—Escribí Coz —le dije— y es la patada de un caballo.

El juez buscó y asintiendo con su cabeza dijo: —La palabra es correcta.

Mariana y yo ganamos el campeonato aquella noche y nos dieron de premio un par de cervezas, papas fritas y un puñado de maníes. Las palabras siguieron haciéndome ganar partidas también en el juego de la vida y también perder en otras oportunidades. En la vida, lo mismo que en el scrabel, las palabras que tenemos son limitadas y con ellas debemos construir una realidad dentro de las muchas realidades posibles. Una partida de scrabel no la gana el que recibe las mejores letras, la gana el que sabe colocarlas y combinarlas en el tablero de tal modo que logre con ellas el mayor puntaje. En la vida funcionan igual, todos tenemos las letras que formarán los vocablos que constituirán nuestra existencia, y es el arte de saber cómo usarlas, mezclarlas, juntarlas o incluso descartarlas lo que nos hará ganar premios en la vida.

Pasaron los años y mi amor por las palabras continuó; ya no solo tenía en la biblioteca los tres tomos del diccionario, también comencé a coleccionar variantes que se ocupaban de otros modos del lenguaje: de antónimos y sinónimos, de otros idiomas, de símbolos, etimologías, de nombres, de palabras estrafalarias y hasta de mitología. Muchas veces los leía de corrido, como quien lee una novela; otras, solo acudía a ellos en busca de algún término.

Mi abuelo Cacho era un hombre de pocas palabras y la mayor parte del tiempo se lo veía callado. Desde que se jubiló pasaba tardes enteras sentado en el sillón frente al ventanal del comedor resolviendo palabras cruzadas de lo más complejas. A veces creo que quizá él encontró en este entretenimiento un modo de dejar que las palabras, aquellas que sus labios no se atrevían a articular, salieran de su interior. Siempre llamó mi atención que un hombre tan silencioso pasara horas dilucidando crucigramas, alojando palabras en su interior que jamás habría de pronunciar.

Disfruto y conservo el ritual de hacer el crucigrama del periódico los fines de semana mientras desayuno. Será uno de los legados de mi abuelo quien, con muy pocas, pero precisas palabras, me enseñó a amarlas.

Aún hoy las palabras en diferentes versiones conviven en lo que soy. En mi casa sigue habiendo libros, diccionarios, crucigramas y un scrabel, pero este es más moderno que el de mi abuela ya que sus fichas son de plástico. Las palabras nunca salieron de mi vida, han estado allí todo el tiempo y con los años supe que ellas no solo me servían para describir el mundo sino también para crearlo, pero fue mucho tiempo después cuando descubrí que yo también tenía el poder de inventar palabras. Un poder de los que muy pocas personas tienen conciencia.

Siempre me cautivó Lewis Carroll, el autor de *Alicia en el país de las maravillas,* por su destreza y atrevimiento para crear nuevas palabras; de hecho hace años que uso una de sus palabras inventadas para hablar de disfrute: *Galumphing,* palabra que el escritor menciona en *Alicia a través del espejo,* y su significado puede entenderse como la elaboración y ornamentación aparentemente inútil de una actividad. *Galumphing* es dar saltitos en lugar de caminar, tomar el camino más pintoresco en lugar del más corto, jugar a un juego cuyas reglas exigen una limitación de nuestro poder, interesarnos por los medios más que por los fines (libro *free play*). Muchos otros neologismos fueron creados por este autor y el diccionario luego los incorporó cuando fueron adoptados por la comunidad hablante.

A veces creemos que para sentirnos creadores debemos ser genios cuando en verdad todos tenemos el potencial para crear mucho de aquello que creemos solo puede ser realizado por seres iluminados. Inventar palabras, por ejemplo: las palabras nacen de las personas y el diccionario es producto de la recopilación de estas creaciones.

El origen de las palabras siempre me dio mucha curiosidad y salvo algunas de las que se tiene un registro muy preciso, descubrí que en general no se sabe exactamente cuándo y en qué momento surgieron. ¿Quién las dijo por primera vez? ¿Cuándo y por quién fueron creadas?

Cuando pienso en la palabra *Apreciatividad* me doy cuenta de que, a pesar de ser yo la propia protagonista de esta historia, es difícil establecer cuándo y dónde comenzó su uso.

Hace varias semanas una amiga publicó en su Facebook que mi libro *Apreciatividad* fue comentado con frases elogiosas por una renombrada revista mexicana y una de sus seguidoras le respondió lacónicamente: "¡¡¡Lástima que esta palabra ni existe!!!",

Y tenía razón…, en parte.

Apreciatividad no figura en el *Diccionario de la lengua española*, lo que no quiere decir que la palabra no exista. De hecho, le estoy dando existencia al mencionarla, aquí en este texto.

Javier Bezos, especialista en ortotipografía de la Fundación del Español Urgente, afirma que una palabra es oficial no solo cuando aparece en el diccionario del idioma sino cuando "los propios hablantes deciden que la palabra tiene utilidad y la usan". Cada año la Real Academia observa e identifica nuevas palabras y evalúa si las incluye. En general, entre el momento en que aparece una palabra hasta que es incluida en el diccionario pueden pasar diez años. La lengua es un organismo vivo en el que algunas palabras salen mientras otras entran. Me dará mucha alegría ver algún día *Apreciatividad* en el *Diccionario de la lengua española*.

Fue entonces cuando me pregunté cómo había llegado a estar en el vocabulario de muchos hablantes la palabra *Apreciatividad*. En verdad no pude arribar a una respuesta. No recordaba el día y el momento preciso en que comencé a mencionarla. Porque se trató de una construcción que se fue dando a lo largo de mucho tiempo en el mismo momento en que la pared de mi casa se iba empapelando con los post it que dieron origen a mi modelo ACOM.

Llevaba ya tiempo ideando el constructo y necesitaba una palabra que lo contenga. No podía ser solo aprecio o apreciación ya que también se trataba de acción. Buscaba algo así como una mezcla entre creatividad e innovación, digamos, la sumatoria de generar nuevas ideas y conceptos, o hacer conexiones entre ideas que no existían previamente a partir de la captura deliberada de lo valioso y preciado del presente y traducirlas por medio de la acción en un bien o producto capaz de crear valor en el futuro.

La mayoría de los textos de Indagación Apreciativa e Inteligencia Apreciativa estaban publicados en inglés y fue a mi querida amiga y maestra Diana Levinton a quien acudí a pedir ayuda para traducir y comprender estos escritos. Conversé con Diana muchas veces sobre el tema, procurando encontrar en los textos respuesta a mi inquietud. Todos conducían a la facultad de apreciar, la capacidad de apreciación, pero incluían tangencialmente la acción de construir algo como parte de la misma capacidad.

Durante mi búsqueda encontré en español:

Apreciación: Acción y efecto de apreciar. Percepción o captación de alguna cosa. **Aprecio:** Valoración que se hace de una persona o una cosa por su calidad o mérito.

Sentimiento de cariño moderado hacia una persona, producido generalmente por una relación de amistad poco profunda, pero cordial y respetuosa. **Apreciativo:** Que expresa aprecio o valoración. **Apreciabilidad:** Cualidad de apreciable. Posibilidad de que una cosa sea apreciada.

Y en inglés: **Appreciatively:** Apreciativamente, que expresa aprecio. **Appreciably:** Apreciablemente. **Appreciative:** Apreciativo. **Appreciativeness**: Apreciación.

Recuerdo que una noche, mientras conversaba por teléfono con Diana sobre el tema, escribí en el traductor de Google un breve texto en inglés que mencionaba la palabra *appreciative* y el programa colocó en español la palabra *apreciatividad.* Ya había observado que en algunos artículos traducidos al español se usaba esta palabra cuando se hablaba de apreciación, evidentemente como una propuesta alternativa ya que dicha palabra no existe en el Diccionario de la Real Academia Española.

Como mi constructo en los comienzos estaba focalizado mayoritariamente en el aprecio comencé a utilizar esta palabra y a incluir este término en mi vocabulario mientras terminaba de darle a mi idea el sentido que estaba buscando, que iba más allá de la apreciación. La *Apreciatividad* es un concepto que incluye las distintas maneras de concebir el aprecio y un medio para expandir el potencial y alcanzar nuestros objetivos.

Esta es la historia del constructo que creé para denominar una capacidad humana que considero primordial para la vida de las personas y las comunidades. *Apreciatividad* es la capacidad de percibir y rescatar lo que es preciado y valioso de las personas, los sucesos y las cosas. Es la observación deliberada de lo mejor y lo preciado con el objetivo de crear con ello nuevas y mejores realidades.

Hoy, transcurridos más de diez años de esta historia, creo que la *Apreciatividad* ya se ha puesto los pantalones largos y está ocupando su lugar en el mundo, y de continuar siendo pronunciada y multiplicada en la mente de las personas llegará el día en que ocupará su lugar en el diccionario.

Se dice que, si inventamos una palabra y la construimos bien, quienes la oigan reconocerán su forma, aunque nunca la hayan oído antes. Este es el motivo por el cual la mayoría de las personas creen que *Apreciatividad* es una palabra existente en nuestra lengua, aunque muchas reconocen no haber escuchado antes hablar de ella. Las personas no ponen en duda la existencia del vocablo, producto de que su construcción responde a raíces léxicas y a reglas gramaticales que el oyente que comparte estos códigos comprende, aunque se trate de una palabra "inventada". Ha sido una palabra comprensible desde el momento mismo en que comencé a usarla, solo que las personas la conectan con uno de los pilares de la *Apreciatividad*, la apreciación. Es decir, comúnmente se las ve como sinónimos, lo cual es un error porque la *Apreciatividad* necesita, además, acciones concretas que manifiesten nuevas realidades con aquello rescatado como valioso y preciado. Cuando aclaro esto en mis conferencias y talleres las personas le dan un nuevo sentido a las ideas que ya traían en su mente y pueden comprender la diferencia.

En una encuesta realizada en la Universidad Católica de La Plata, luego de un ciclo de conferencias en el que participé, el 90% de las personas encuestadas consideraron que la *Apreciatividad* fue el tema más interesante. Una de las razones por las cuales el constructo *Apreciatividad* comienza a ser incorporado en la vida y el habla de las personas es porque lo que le da su verdadera fuerza y poder es lo que contiene en su interior. Es más que una palabra bonita y amigable, es una manera de andar en la vida que abre un mundo de posibilidades para aquellos dispuestos a entrenarla. Suena loco, pero lo único que necesita la *Apreciatividad* para entrar en la vida de las personas y sus entornos es: ser valorada, solo aquellos que le den valor estarán dispuestos a expandirla. Nadie que piense que se trata de una banalidad vacía de significado le abrirá la puerta ni gastará un ápice de su energía en ella.

Cuando la analizo creo que desde el punto de vista del marketing tal vez no sea una palabra adecuada. Es demasiado larga e incluso confusa de pronunciar, hasta puede parecer un trabalenguas. Cierta vez, en Chile, una mujer que no sabía quién era yo me dijo en el almuerzo previo a mi conferencia: "Ahora iré a ver una charla sobre 'amistosidad'"; me sorprendió escuchar esta transformación que ella había hecho de la palabra *Apreciatividad* y me mostró cuál era la idea que esa persona había construido respecto de su significado. Ella misma no se dio cuenta de que había creado una nueva palabra.

Una prueba que suelo hacer para saber si la palabra *Apreciatividad* es bien recibida por los oyentes es preguntarles si al escucharla la sienten agradable o desagradable. Me atrevo a asegurar que las personas siempre responden que les resulta una palabra positiva y agradable.

También pregunto si al escucharla sienten interés en saber más sobre su significado y de abrirse a conocerla, o si, por el contrario, les da igual o incluso sienten cierto rechazo que los aleja de ella. Las respuestas muestran un notorio interés en, al menos, curiosear en su contenido.

Humberto Maturana sostiene que somos responsables de lo que decimos y maravillosamente irresponsables de lo que el otro escucha. No tengo certezas de lo que las personas escuchan cuando hablo del constructo *Apreciatividad*, pero hay un termómetro que utilizo para medir su impacto y es observar si las personas incorporan luego este término en su vocabulario.

También inventé el acrónimo ACOM, del cual sí recuerdo el momento en que fue creado. Había escrito en post it varias posibilidades y las tenía pegadas en la pared de mi estudio hasta que una tarde, jugando con diferentes combinaciones posibles, tal como lo solía hacer con las fichas del scrabel, apareció ACOM. Lo sentí de inmediato en mi panza. Lo pronuncié en voz alta varias veces y sentí dentro de mí una agradable conexión emocional al hacerlo. Sus letras representan cada uno de los pilares sobre los cuales se asienta mi modelo de desarrollo de la *Apreciatividad*.

Aquí, en la playa donde estoy escribiendo estas líneas, el día cambia del sol a la lluvia en solo unos minutos y las nubes entran y salen dejando a su paso arena mojada unas veces y otras una sequedad y un calor en el piso que nuestros pies no toleran. Solo es cuestión de observar y ver el fenómeno. Si cuando hablamos nos detenemos a observar cómo las palabras entran y salen dejando a su paso nuevas realidades podríamos dimensionar también su inmenso poder. El de hacer que las cosas pasen, el de hacernos florecer o el de achicharrar a alguien o a nosotros mismos.

He contado en muchas oportunidades que llevo años usando libretas donde anoto ideas, acontecimientos cotidianos, frases o lo que tenga ganas de escribir. Esto se ha transformado en una gran usina de ideas e historias para mis libros y me ha servido, además, para darme cuenta de cómo llegué hasta aquí. Sea donde sea que me encuentre siempre descubro en las libretas información sobre decisiones, palabras que dije o preguntas que me hice, las cuales, en el momento en que ocurrieron, dieron un viraje y me fueron convirtiendo en lo que soy. Incluso no solo me convirtieron a mí, también lo hicieron con otros. Mis palabras co-construyeron la vida de los seres significativos que me rodean y cuando observo esto siento en carne propia su gran poder y la enorme posibilidad que ellas tienen para la construcción de mi vida y de las personas que amo.

Lo que diga o lo que calle no será inocente y cambiará el rumbo de muchos acontecimientos y en consecuencia cambiará el rumbo de muchas vidas.

Lanzamos al aire palabras con una impunidad que debería avergonzarnos y, lo que es peor aún, luego creemos que lo que nos ocurre es fruto del azar de la vida.

La palabra *Apreciatividad* ha cambiado mi vida y también el rumbo de la vida de muchas personas, incluso de quienes no conozco y a quienes el término les ha llegado por las redes, por el libro, a través de un artículo o por boca de otros.

Mi primer premio jugando con palabras lo gané en un tablero con apenas tres letras bien combinadas y estratégicamente colocadas. Ahora, catorce letras vividas con pasión, trabajo y mucha convicción me están llevando a mí y a muchos otros a ser premiados en nuestro día a día, ese juego en el que todos ganamos cuando sabemos conectar con imaginación y sabiamente las fichas que nos han tocado en la partida de la vida.

¡Llegó el momento de la acción!

Tómate unos minutos y hazte la siguiente pregunta.

¿Qué va a crecer más en mi vida si dedico tiempo y energía en entrenar aún más mi *Apreciatividad*?

....

....

....

....

Aliado Apreciativo

Cuando tengas la respuesta prepararás la cita con tu Aliado Apreciativo.

¿Qué es un Aliado Apreciativo? Una persona que pueda acompañarte y motivarte en tu proceso de hacer crecer tus habilidades apreciativas.

Contactarás con la persona y la invitarás a un encuentro presencial (si la distancia o las circunstancias no lo permiten, programa una videollamada). El lugar lo propones tú consensuado con la persona. Puede ser en un café, en tu casa u oficina en un horario que sea conveniente para ambos. Con 30 minutos será suficiente.

Le dirás a la persona que estás iniciando un programa, que lo elegiste a él/ella como parte importante de tu proceso de aprendizaje y que necesitas reunirte para contarle de qué se trata.

Prepárate para el evento como lo haces para una ocasión especial. Puedes ponerte tu atuendo preferido, maquillarte de manera especial o tal vez tomar unos minutos de meditación para alistarte interiormente.

Es importante que dejes claro que, más allá de que puedan luego conversar sobre otros temas, la cita tiene un objetivo: invitarlo a ser tu Aliado Apreciativo. Lo pondrás en contexto contándole aquellas cosas que consideras más relevantes de la *Apreciatividad,* de qué se trata y cómo ha llegado a este momento de tu vida.

Le contarás sobre tu compromiso para alcanzar altos estándares en el proceso y que, observando tu círculo de relaciones, lo/la elegiste porque consideras que tiene los atributos para ser un buen Aliado Apreciativo.

Luego le hablarás acerca de algunos de los comportamientos que se esperan de un Aliado Apreciativo:

- Estar abierto y disponible a escuchar.
- Ser alguien cercano.
- Preguntar e interesarse genuinamente por los avances.
- Saber ayudar y acompañar cuando hay trabas y bloqueos en el proceso de desarrollo.
- Celebrar y alegrarse por los progresos.
- Tomar acciones en pos del objetivo.
- Asumir el compromiso y sentirse orgulloso de su rol.

Entonces le dirás: "Yo te elegí como mi Aliado Apreciativo. Quiero que ahora tú me digas si estás de acuerdo en serlo y quieres acompañarme".

Hay altísimas posibilidades de que la persona acepte, pero si así no ocurriera debes aceptar su decisión y agradecerle por haberte escuchado. Si tu aliado acepta, le darás las gracias y le mostrarás tu alegría de algún modo, por ejemplo, con una gran sonrisa o un cálido abrazo.

Harán entonces su primera tarea juntos: tomarás tu respuesta a la pregunta anterior sobre lo que quieres ver crecer más en tu vida y la compartirás con tu Aliado para que conozca tus objetivos y sepa hasta dónde quieres y esperas llegar en este viaje.

Conversarán unos minutos sobre esto y así como este proceso requirió de una apertura, también será apropiado un cierre que marque su final. Puede ser un brindis, otro abrazo o tal vez un gracias.

❖ **Recuerda: explorar, descubrir, valorar y expandir.**
¡Hazlo crecer!

Preguntas reflexivas

> ➤ ¿Qué aprendizajes y descubrimientos encuentras en esta experiencia?
>
> ➤ ¿Qué beneficios te deja esta práctica? ¿Cuáles a quienes te rodean?
>
> ➤ ¿Qué emociones y sentimientos reconoces en ti en este momento?
>
> ➤ ¿Sientes que esta práctica te ayuda a crecer? Si es así, ¿en qué y para qué te es útil este crecimiento?
>
> ➤ ¿Percibes algún cambio en tus ideas anteriores luego de hacer este ejercicio? De ser así, ¿cuáles?

Capítulo 2

La foto no es la persona

Veinte años atrás, Ángel, un compañero de trabajo, iba a las oficinas de la Obra Social a realizar un trámite personal y le pedí que por favor me retirara el pago de unos reintegros. Para poder hacerlo necesitaba la copia de mi documento de identidad; como yo ese día no me encontraba en la oficina, a Ángel se le ocurrió hacer una fotocopia de la copia que había en el legajo de la empresa, la misma que el departamento de RRHH adjuntó a mi ingreso.

A la mañana siguiente Ángel entró en mi oficina y con cara compungida me dijo:

—No pude cobrar tu reintegro.

—¿Por qué? ¿Qué sucedió? —le pregunté, asombrada.

—Dicen que este documento —señalando la fotocopia que había llevado— es de un futbolista y su foto no corresponde a una sensual y bonita mujer. Me dijeron que debía llevar el documento de Laura.

—Jajajaja, ¡es cierto! —le respondí—. ¡Ya no me parezco a la mujer de la foto!

Ángel tenía razón, la foto era antigua y no se parecía en nada a la mujer que él conocía. Sin embargo, se trataba de una foto efectivamente mía.

Mi amigo no se contentó con lo que me había dicho y fue por más. Quería demostrarme que él no era el único al que le costaba creer que la mujer de la foto fuera yo, así que comenzó a hacer su propia verificación.

Cuando alguien llegaba a la oficina Ángel sacaba la fotocopia de mi documento y se la mostraba y, como invitándolo a un juego, tapaba el nombre con su mano y le decía:

—A ver si adivinas… ¿de qué jugador de fútbol es este documento?

Las personas no dudaban de su propuesta; al contrario, se lo tomaban muy seriamente y procuraban adivinar; decían nombres de diferentes jugadores y todos con una característica común: eran los menos agraciados. Luego de quedar claro que no acertaban y casi dándose por vencidos, Ángel descubría mi nombre y ¡ohhh, sorpresa! descubrían que se trataba de la chica de la oficina que veían casi a diario. ¡No lo podían creer! Incluso a muchos les daba tanta vergüenza haberme confundido con un masculino y nada agraciado jugador de fútbol que hasta me pedían disculpas.

Escuchamos nombres de futbolistas de las más variadas edades, nacionalidades y equipos, pero nunca nadie dijo: "Este documento es de Laura".

El juego me hizo reflexionar acerca de mi metamorfosis y de cómo la adolescente de aquella foto se había convertido en la mujer que Ángel conocía. ¿Cómo me había transformado de este modo? ¿Cuándo había ocurrido ese cambio? Al rememorar esta historia advierto que el camino de evolución que me llevó a convertirme en una atractiva mujer se inició con: UNA DECISIÓN.

Coco Chanel decía que "La belleza comienza en el instante en que decides ser tú misma". Y también decía: "Una mujer no tiene que ser bella, tiene que creérselo", y yo hasta el momento no me lo había creído.

Cierta vez, no sé precisamente de qué modo ni exactamente cuándo, algo cambió dentro de mí. Pude ver que tenía un potencial oculto y poco a poco comencé a hacerlo asomar.

¿Cómo lo hice? Podría inventar una explicación que parezca sensata e inteligente, pero no lo haré. Toda conjetura sobre las razones de mi transformación sería solo eso, una conjetura. Lo que sí puedo decir es cómo me sentía. Tenía la sensación de estar conectada más íntimamente conmigo y más dispuesta a curiosear algunos rincones interiores no explorados hasta el momento por miedo o vagancia, los que finalmente terminaron por contener insospechados tesoros.

En aquellos años de transformación nunca había salido de mi boca la palabra *Apreciatividad* y faltaban muchos años para que llegara el día en que ese vocablo cambiara totalmente mi vida. Con lo cual queda claro que en aquellos tiempos yo no era consciente de la *Apreciatividad* hacia mí misma.

De pronto, pequeños cambios de comportamiento comenzaron tímidamente a aflorar en mí. Recuerdo especialmente una mañana; estaba frente al espejo del cuarto de baño y mientras recorría con la mirada mi cara sin maquillaje observé mis pestañas. Las percibí bonitas, eran largas, arqueadas y le daban un marco interesante a mis ojos. Hasta el momento nunca me había ocupado de ellas y solo buscaba técnicas de maquillaje que disimularan mis párpados caídos, que no me gustaban.

Aquella mañana el espejo reflejó ante mí un rostro nuevo; descubrí joyas que tenía ocultas detrás de mi afán por disimular mis defectos, por esconder esos tristes párpados caídos. Quizá logré disimular un poco lo menos agraciado, pero me di cuenta de que ese maquillaje no era perfecto, que focalizarme tanto en lo que no me gustaba de mí tenía un problema: cubría también lo bueno, entonces me volví indiferente a ello.

Esa mañana mi boca se presentó distinta en el espejo, la vi sensual y atractiva. Así que dejé las sombras para párpados caídos y me puse a buscar técnicas de maquillaje que lograran labios sensuales y pestañas atractivas.

Nunca aprendí a disimular muy bien el defecto de mis párpados ni tampoco a utilizar ese bendito *couture* para resaltar mis pómulos delgados. Siempre que lo intentaba terminaba como un cacique sioux a punto de entrar en batalla. Creo que ocultar los defectos con maquillaje es tarea para especialistas, aunque opino que el gran secreto del maquillador está en distinguir las virtudes distintivas de sus clientas.

Aprendí a resaltar mis labios y mis tupidas pestañas y ya no me ocupo de mis párpados caídos. Mi rostro no solo se veía más bonito porque aprendí a expandir y hacer crecer lo mejor de mí, sino porque había logrado adquirir el mejor maquillaje: autoestima y autoconfianza.

Mi amiga Delia siempre me decía: "Cambiá ese documento, es hora de renovarlo. ¡No podés andar mostrando esa foto horrible!".

Una mañana, a los 39 años y ya divorciada, sentí que había llegado el día de hacerlo. Fui al Registro Civil, la empleada me miró detrás de la ventanilla de la Mesa de Informes con cara de pocos amigos. Parecía Flora, un personaje de Antonio Gasalla que tan bien representaba a algunas criaturas prepotentes que atienden mal a la gente en la repartición pública, y me dijo:

—¿Qué necesita?

—Quiero cambiar mi documento —le respondí.

—Espere en aquel sector —me indicó levantando su mano—. La llamarán por su apellido.

Tomé asiento y eché una mirada a mi alrededor. Era la típica sala de espera de una entidad gubernamental: paredes descascaradas, sillas ajadas y un espacio abarrotado de gente. Por las razones que exponían al anunciarse a "Flora" (no me dio curiosidad saber su nombre) las personas estaban allí por obligación, ya sea porque habían perdido su documento o porque se les había resbalado al inodoro. Caí en la cuenta de que ese no era mi caso; yo había elegido estar allí porque quería cerrar una etapa de mi vida. Mientras fantaseaba con la idea de haberle dicho a "Flora" las razones que me traían a cambiar mi documento e imaginar su cara, oí la voz de un joven que, detrás de una puerta verde brillante al final de la sala, repetía mi nombre a viva voz. Era mi turno y el fotógrafo me llamaba para tomarme el retrato. Entré a su oficina, nos saludamos y siguiendo sus indicaciones me paré delante de la pared blanca frente a la cámara. Enfocó y sentí el clic que confirmaba la toma; ese sonido fue el hito que coronó el final que había venido a buscar. Pronto tuve en mis manos el nuevo documento. Una sensación de profunda alegría me inundó al ver que la foto, si bien estaba lejos de ser la mejor, reflejaba a la Laura de aquel momento. Una Laura más alegre, más segura de sí, aún con mucho por aprender y trascender, pero con la firme convicción de que estaba en el camino elegido. Sentí que una nueva identidad nacía. Una identidad que en verdad ya se venía gestando desde hacía tiempo, pero que este sencillo acto reconfirmaba.

Desde ese día ya nadie tuvo dudas de que el documento me pertenecía, tenía la foto de la mujer que estaban viendo. Llevaba el cabello aún más corto que en la foto anterior, pero, a pesar de ello, nunca más fui confundida con ningún jugador de fútbol porque mi rostro, mis gestos y mi postura dejaban traslucir a la mujer que llevaba dentro. La foto no es la persona, pero este retrato se le asemejaba mucho más.

Sin embargo, duró apenas ocho años, después la historia volvió a repetirse. La foto de mi documento volvió a quedar obsoleta y ya no reflejaba mi apariencia real. Me había dejado crecer el cabello, tenía más años y había pasado mucha agua bajo el puente, tal vez el mayor torrente.

Nuevamente volví a vivir la experiencia de que las personas dudaran de la autenticidad de mi documento.

Recuerdo la noche en que un oficial de policía detuvo mi auto a la salida de un restaurant para un control de alcoholemia; cuando le di mi documento, lo miró, levantó su vista varias veces con cara de dudas y le dijo delante mío a su compañero:

—¿Qué crees? Este documento no parece ser el suyo, ¿verdad? No solo por el cabello corto, mira la fecha de su nacimiento, ¡no es posible que tenga más de 50 años!

Su compañero se rió y yo también le agradecí su halago. Me devolvió el documento y manejé con una gran sonrisa de regreso a casa.

Volvió a ocurrir, mi aspecto había cambiado y la foto de mi documento era una clara evidencia de una nueva transformación. Advertí que los años y las experiencias vividas me habían hecho conocerme en profundidad; así, pude mostrarme más genuina y más conectada con mis sueños, lo que me hacía parecer más joven. Era consciente de que este nuevo cambio lo había producido MI ACTITUD ANTE LA VIDA.

Puede que tenga menos arrugas que otras mujeres de mi edad o quizá el hecho de estar delgada me quite años, pero lo que en verdad creo es que tener una vida con pasiones y proyectos hace la diferencia.

En esos últimos años concreté muchas de mis aspiraciones. Estudié la carrera de Coach, el Diplomado de Psicología Positiva, viajé a Chile durante un año a estudiar en la UAI el Diplomado de Felicidad Organizacional, escribí un libro, cerré una empresa de diez años y abrí una nueva, registré las marcas Apreciatividad y ACOM, me enamoré, acompañé a mis hijos a emprender su rumbo y viajé. ¡Un montón!

Estas cosas se hacen cuando nos sentimos rebosantes de vida, cuando vibramos con ella y la concebimos con un sentido. Cuando miro a mi alrededor veo a muchas personas de mi edad que están esperando la jubilación para poder disponer de tiempo y de su vida, pero algunos viven con la angustia de saber que la falta de dinero puede restringir el cumplimiento de los sueños que vislumbraron. Peor aún, veo a muchos que no llegan a la jubilación, porque la vida a veces se adelanta a nuestras decisiones. Muchas personas viven vidas de ancianos siendo jóvenes, y sus rostros reflejan una actitud abatida y resignada ante la vida.

Para mí es muy halagador que las personas me reconozcan como una bonita mujer y que además me vean bastante más joven de lo que soy; lejos de ser un acto de vanidad siento un profundo orgullo por el camino recorrido, por haberme tomado el trabajo de construir las puertas y ventanas que dejaron salir mi interior y permitieron también la entrada de nuevos saberes, hábitos, amores y también de algunos sinsabores. Mi vida no fue perfecta, pero fue vivida y es ese vivir el que le dio belleza y juventud a mis años.

Soy coqueta desde niña. Algo que aprendí de mi abuela materna: Ada. Ella podía estar con un vestido sencillo, pero hasta cuando iba a comprar el pan llevaba sus labios pintados de rojo vibrante. De ella aprendí que para estar linda no se necesita plata, que con un pantalón viejo de mi abuelo podíamos hacer uno nuevo para mí, y pegándole un par de lentejuelas se vería radiante en el baile del sábado a la noche, o cuando con su viejo tapado de terciopelo hicimos la chaqueta para mi fiesta de egresados y nadie notó la diferencia con las chaquetas costosas de mis amigas.

Un día, a los doce años, ella me llevó a tomar clases de corte y confección. De allí en más supe confeccionar mis atuendos, que hacía generalmente con ropa en desuso de mi familia.

De niña escuchaba pronósticos según los cuales los chicos que teníamos padres separados no iríamos por buen camino y que había altas posibilidades de perdernos en rumbos sombríos.

—Nada bueno puede salir de un hogar roto y humilde...

Eso decían las vecinas de mi barrio. Yo les rompí la estadística, y llegué a muchos lugares incapaces de imaginar por las chusmas de mis viejas vecinas. Frankl decía que "La existencia se va perpetuando a medida que madura y entrega el fruto de esa madurez como testimonio de vida vivido. El sentido solo se puede testimoniar, nunca transferir". Nuestra vida es fruto de lo vivido y da testimonio de su sentido. El medio condiciona, pero no determina. Nuestra biología condiciona, pero tampoco es determinante. No elegí tener los párpados caídos, ni a las vecinas de mi barrio de cuando era niña, pero ello no me impidió madurar a lo largo del camino y vivir una buena vida, con gratos y también malos momentos, en los que tomé acertadas decisiones y otras no tanto que fueron marcando mi existencia. Nadie me transfirió la madurez, tuve que vivirla como nos ocurre a todos; sin embargo, el testimonio de vida de mi abuela Ada y el de muchas de las personas significativas de mi vida fueron una importante fuente de inspiración para lograrlo. Lo único que a veces me enoja es ¡por qué me llevó tantos años darme cuenta!

Ada me enseñó *Apreciatividad* sin saberlo. Era capaz de ver un traje de princesa en unas viejas cortinas y guardaba retazos de pequeñas telas porque decía: "Hoy son un pedazo de tela, pero mañana pueden ser el florido canesú para tu vestido". No le sobraba el dinero y sabía crear nuevas realidades con lo que otros tirarían. No solo lo hacía con la ropa, para lo cual empleaba su arte e imaginación; también lo hacía con la comida. Su ensalada rusa la armaba en un molde con forma de aro que luego desmoldaba y adornaba con mayonesa, aceitunas y huevos duros picados. Pertenecer a una clase media baja no era un impedimento para hacer que sus platos sencillos y humildes lucieran como los de un restaurante de categoría. Amor sí tenía y era gratis.

En esos tiempos, los finales de las piezas de fiambre, aquellos que la máquina de cortar en fetas ya no podían enganchar por su reducido grosor, eran descartados. El fiambrero del barrio le vendía estos "descartes" a mi abuela a menor precio y ella regresaba a su casa feliz con una variedad de fiambres que habría sido imposible degustar con su jubilación; traía ¡hasta jamón crudo!

En Navidad mi abuela Ada preparaba una opípara picada con estos recortes. Parecía un banquete de ricos, no solo por la calidad de los fiambres sino porque los colocaba en la mejor bandeja, ornamentados con la mayonesa casera que ella también preparaba y con la que escribía con amor: ¡Feliz Navidad! Había un detalle más, como era Navidad tenía que haber algo rojo así que hacía un par de corazones con tiras de morrón. Vistos a la distancia sus porciones y su arte serían hoy más de bodegón vetusto que de restó top. Amo comer en buenos bodegones, ¿será que la extraño?

De ella aprendí que, sea lo que sea que tengamos disponible, hemos de presentarlo siempre con su mejor traje. Que tanto un plato de comida, la mesa de Navidad, un trabajo y hasta nosotros mismos podemos lucir radiantes si nos abocamos a resaltar lo mejor. Ella nunca descansaba en lo bueno, ella siempre lo ponía más bonito. Rojo brillante en sus labios, la mejor bandeja para fiambre o un doble pespunte al canesú de mi vestido.

¿Cómo pasé de la *Apreciatividad* conmigo a la comida? Porque la actitud es la misma. Es vivir lo que tenemos como un regalo. Un regalo que hemos de tomarnos el trabajo de desenvolver y disfrutar. Cada día creo más en la frase que dice que Dios les da nueces a las personas pero que pocos se toman el trabajo de quitarles la cáscara.

La *Apreciatividad* con nosotros mismos requiere del acto de romper nuestras máscaras, esas que nos construyeron a lo largo de los años la cultura y la educación y que en muchos de nosotros adquieren una dureza difícil de quebrar. Si no tomamos la decisión de hacerlo a tiempo puede que un día nos ocurra como con aquellas nueces que guardamos año tras año y que en una noche de Navidad descubrimos, al abrirlas, que sus semillas se han apolillado. Recuerdo haber leído alguna vez que en Japón un hombre cambió su nombre sesenta veces, una por cada cumpleaños. Me pregunto: ¿qué pasaría si en cada cumpleaños tuviéramos que renovar la foto de nuestro documento? Al menos esto nos permitiría detenernos a observar si refleja cuán seriamente nos hemos tomado en el transcurso de ese año el trabajo de desarrollar y hacer aflorar lo mejor de nosotros, ese potencial que llevamos dentro. Ya lo decía Coco Chanel: "No hay mujeres feas, sino mujeres vagas".

Mientras escribía este capítulo sucedió algo inesperado. Mi grupo de compañeros de la secundaria, con quienes me reúno a menudo desde que nos reencontramos hace casi veinte años, organizó una comida en casa de Guille, quien tiene el don de ser un gran anfitrión y preparar exquisitas cenas. A diferencia de mi abuela, Guille nos agasaja con manjares y bebidas costosas; sin embargo, tiene algo en común con ella: el amor con el que prepara todo.

Allí fuimos nueve viejos amigos a disfrutar de la noche. Me encantan estos encuentros donde me siento a gusto porque estoy con amigos con los que he compartido una etapa lejana de mi vida y que mis nuevos círculos desconocen.

Los recuerdos y aventuras de nuestra adolescencia nos brindan una complicidad que no se me da con otras personas. Aquella noche, una remembranza fue llevando a otra y sin darnos demasiada cuenta, o quizá gracias al correr del vino, la conversación tomó un rumbo profundo y espontáneo. Contamos algunos de nuestros dolores de adolescentes, la muerte de un padre, la falta de dinero, la pérdida de algún amigo. Nos preguntamos: ¿quiénes éramos aquellos jóvenes? ¿Cómo nos sentíamos en aquel momento de nuestras vidas? Me sorprendió escucharlos, no sé si fue falta de atención, el estado propio de una adolescente centrada en su mundo o quizá falta de empatía en aquellos tiempos, no lo sé, lo cierto es que yo no conocía sus dolores y sueños de juventud. Me pregunté si ellos conocían los míos. ¿Cómo me recordaban en mi adolescencia? Era justo el momento en que obtuve mi documento con la foto del poco agraciado "futbolista", digamos.

Quiénes mejor que ellos para dar testimonio de aquella etapa de mi vida. Así que, sin contarles lo de la foto, les comenté que estaba escribiendo sobre mi juventud y que lo que me dijeran sería valioso para mi historia. Encendí el grabador de mi teléfono y comencé a escucharlos. ¿Cómo me veían a mí en aquel momento?

"Eras la más fea y al mismo tiempo la más linda. La más fea físicamente, pero la más linda porque eras la única chica que se acercaba y me daba bola, entonces lo feo te transformaba en linda", dijo Guille.

Mariana continuó: "Inteligente e interesante, por eso te elegí como mi mejor amiga. No descollabas por tu atractivo físico, pero sí por tu vestir y tu actitud".

"Te veía como una chica inteligente, no precisamente

atractiva. Después, con el correr del tiempo, te transformaste en una mujer sumamente atractiva que sigue manteniendo su gran inteligencia".

"Eras una chica insípida en lo físico, pero había algo muy interesante en tu cabeza. Una tipa estudiosa y resuelta. Pero ahora estás verdaderamente maravillosa", dijo Flavio.

Escuchar los relatos de mis compañeros reconfirmaba que la foto de mi documento no se trataba de una mala toma, sino que reflejaba claramente a una Laura que tenía bajo llave mucho de su potencial, específicamente el referido a su actitud y su cuerpo. Ninguno mencionó mis párpados caídos, pero "no precisamente atractiva", "insípida", "la más fea físicamente" eran términos que demostraban que ya no era solo mi sensación de aquellos años sino la confirmación de cómo me veían los demás, lo cual no era otra cosa que el resultado de cómo yo me mostraba.

No fue una sorpresa escucharlos, sabía lo que dirían. Cuando yo cuento que era poco atractiva las personas suelen decirme que exagero, y es lógico que así sea porque no es lo que hoy reflejo. Por eso el testimonio de mis amigos, los que me conocen de aquellos tiempos y me siguen viendo hoy, llegó en el momento oportuno y fue la frutilla del postre para mi capítulo. Ya no lo digo yo, lo dicen otros.

No exagero, la falta de valoración y aprecio hacia mi cuerpo y el no reconocimiento, y por lo tanto la falta de expansión de mi capacidad seductora me dejaron en un lugar relegado durante mucho tiempo. Quizá por mandatos culturales me pareció mejor hacer resaltar mi inteligencia; quizá mostrarme atrevida y sensual me asustaba o me daba miedo la opinión de otros, no lo sé, solo sé que así fue mi vida en esos años.

Cuando aquella mañana pude ver en el espejo mis atributos y sentí la libertad de resaltarlos, un nuevo camino de vida se abrió ante mí. Una bifurcación marcó un nuevo rumbo que yo podía tomar con el riesgo de no saber cómo transitarlo o continuar en el que venía, que era cómodo, pero tenía claro que no me hacía feliz. Di un volantazo, cambié el rumbo y sin un destino claro me metí en el barro, sí, en el barro, así me sentí al principio, patinando de una orilla a la otra del camino y cayendo en las zanjas apestosas en algunos momentos, pero ese atrevimiento tuvo premio y al final del camino la cámara de fotos capturó a otra Laura, una más parecida a quien estaba en su interior. Obvio que el camino continuó, y aún continúa: fotos de futbolista, de cabello corto, de cabello largo y de no ser por la tintura ya habría de cabello entrecano.

Hoy sé que el aprecio y la valoración hacia mí misma son cuestiones que debo trabajar y construir cada día. No se trata de decirme cosas lindas frente al espejo (aunque confieso que en mis días malos lo practico) sino de ser capaz de reconocer mis debilidades sin que la vida se me vaya en querer arreglarlas. No digo que no nos ocupemos de ellas, de hecho sigo prefiriendo usar la ropa que disimula mejor mi panza, pero querer mejorar lo que no era mi naturaleza no fue lo que me llevó a madurar y desarrollarme y mucho menos a hacer crecer mi autoestima y mi autoconfianza.

Supe ver un lado brillante en mí y que mis propios compañeros también mencionaron: la inteligencia. Y la usé, pero en el lugar equivocado. Usé mi intelecto para cubrir mis debilidades y para que mi falta de sensualidad y mi insipidez pasaran algo más inadvertidas. Durante muchos años mi inteligencia estuvo al servicio del enemigo, era servil a la mirada crítica y enjuiciadora que como pájaro carpintero me repicaba: —Menos mal que al menos sos inteligente, si no ¡nadie te daría bola!

Hay algo que no hice bien: mi foco. Durante mucho tiempo usé efectivamente mi inteligencia para tapar y reducir y debí haberla utilizado para descubrir y hacer crecer lo mejor de mí. Tenía fortalezas que no vi o que por mandatos culturales no me di permiso para sacarlas a la luz y por lo tanto no las expandí ni desarrollé.

Entiéndase, no digo que esté mal mejorar tanto nuestras debilidades interiores como las exteriores; es más, creo que es muy recomendable hacerlo, solo que en una cuota saludable; cuando se nos va la vida en ello, cuando nos excedemos en querer arreglar lo que no es nuestra naturaleza puede ser muy perjudicial, porque por ahí no pasa nuestro verdadero desarrollo, y lo que es peor, a veces solo se trata de un perverso maquillaje.

¡Llegó el momento de la acción!

Carta a un amigo

Escribe una carta a un amigo/a contándole que conociste a una maravillosa persona: ¡TÚ!

Elige un lugar donde te sientas cómodo y a gusto. Este será un momento para apreciarte y observarte con curiosidad, cariño e interés por tus aspectos más positivos:

- Piensa en los momentos en los que mejor funcionan tus talentos, habilidades, valores y cualidades. Cuéntale a tu amigo/a cuáles son.
- Recorre tu cuerpo y cuéntale lo que te agrada más de él.
- Elige un gesto que te guste de ti, alguno que te atraiga. Cuéntale a tu amigo/a sobre ese gesto.
- Piensa en tus acciones y comportamientos que benefician a otros. Cuéntale sobre esto también en tu carta.
- Hablar con la voz de un otro que nos quiere puede resultar muy útil cuando nos cuesta enunciar nuestras cualidades. Nos han dicho, y creemos, que hablar bien de nosotros es de vanidoso, pero créeme que cuando focalizar en las debilidades se vuelve obstinado, la "vanidad" nos salva de caer en sus redes. Para ayudarte a conocer más tus cualidades, piensa en alguien que te quiere y que te valora mucho; mírate a través de sus ojos y pregúntate: ¿qué diría esta persona acerca de ti? Incluye esto en la carta.

Continúa describiéndole con entusiasmo cómo es la persona que has conocido, todo lo que aprecias de ella, y lo maravilloso que es tener la dicha de conocerla.

Querido amigo, ¿cómo estás?
Te escribo porque quiero contarte algo que me ocurrió y quiero compartir contigo. Conocí a una persona muy especial,
... (coloca tu nombre aquí).
Te cuento que él/ella es ....

Ahora te sugiero dar un paso más. Coloca la carta en un sobre, escribe tu nombre y dirección y ciérralo prolijamente. Puedes guardarla en un cajón y esperar una circunstancia especial (la Navidad, tu cumpleaños o cuando necesites ser valorado o reconocido) para leerla. También puedes enviártela por correo; siempre es una experiencia emocionante encontrar un sobre debajo de la puerta (que no sea una factura).

Ahora que has pasado por esta experiencia de auto-descubrimiento es momento de expandir y hacer crecer tus hallazgos.

Diseña una actividad, una acción que puedas llevar adelante en la próxima semana para hacer crecer tu lado más brillante.

No descanses en tus talentos, no son un sofá donde sentarte a descansar, han de ser el trampolín para crecer y desarrollarte.

No te ruborices ni titubees a la hora de contar y desplegar tus fortalezas, ¿acaso estás esperando que otros lo hagan por ti o te den permiso para mostrar tu potencial? Hoy es buen momento para despertar y dar rienda suelta a tu genialidad.

❖ **Recuerda: explorar, descubrir, valorar y expandir.**
¡Hazlo crecer!

Preguntas reflexivas

> ➤ ¿Qué aprendizajes y descubrimientos encuentras en esta experiencia?
> ➤ ¿Qué beneficios te deja esta práctica? ¿Cuáles a quienes te rodean?

➢ ¿Qué emociones y sentimientos reconoces en ti en este momento?

➢ ¿Sientes que esta práctica te ayuda a crecer? Si es así, ¿en qué y para qué te es útil este crecimiento?

➢ ¿Percibes algún cambio en tus ideas anteriores luego de hacer este ejercicio? De ser así, ¿cuáles?

Capítulo 3

Creí que solo pasaba en las novelas

Cuando era adolescente estaban muy de moda las telenovelas. Alberto Migré era un reconocido autor de estos melodramas, como los llamaba mi abuela Ada. Estaban llenos de sinsabores y los actores lloraban más de lo que reían. Yo crecí creyendo que todo lo que le pasaba a la protagonista de una novela no podía pasarle a alguien de carne y hueso, era demasiado para ser tolerado. Si se enamoraba de alguien seguro sería un amor imposible, probablemente fuera huérfana o la habían abandonado, tal vez tuvo un hijo que había muerto o se lo quitaron al nacer y muy seguramente también era pobre. Eso sí, siempre era linda. Cuanto más melodramática era la trama mayor era la audiencia.

No me dejaban ver novelas, mi abuela decía que había demasiadas lágrimas. Aunque con los años creo que ella no quería que yo viera los ardientes besos de los amantes.

Yo pensaba que había cosas de la vida que solo ocurrían en las novelas y era muy improbable que nos sucedieran a nosotros, al común de los mortales.

Pero un día comprendí de un cachetazo, y en tan solo un instante, que lo que veía en la pantalla de la televisión era tan real como la vida misma y que aquellas historias podían ocurrirme a mí, a mi familia, a mis amigos y a mi vecino.

Era una tarde cálida de diciembre del 2000 y faltaban apenas diez días para celebrar la Navidad. Llevaba ya varios meses tomando clases de Photoshop con Gabriel, un experto diseñador gráfico; lo hacíamos los jueves en mi oficina luego del horario de trabajo.

A las 6 pm la fábrica y las oficinas ya habían terminado su jornada laboral, así que solo estábamos en la empresa el portero, el silencio del fin del día y yo.

Los días que tomaba mi curso, Ezequiel y Guido, mis hijos, se quedaban con Elsa, la señora que trabajaba en nuestra casa, hasta que el padre regresaba y me esperaban para cenar juntos.

Ese 14 de diciembre Elsa tenía un compromiso y debía irse temprano, así que le pedí que trajera a los chicos a la empresa que estaba ubicada de camino a su casa. Como Mariano y Federico, dos de sus amigos, se entretenían jugando con ellos, vinieron todos. Apenas bajaron del remís, los cuatro niños de entre ocho y diez años corrieron felices con su pelota hacia la cancha de fútbol que hay en el predio de la empresa.

La temperatura era muy agradable y el sol ya se había escondido detrás de la nave más alta de la fábrica; podía verlos corretear desde la ventana de mi oficina mientras yo preparaba una tarjeta de Navidad para regalar a nuestros amigos y esperaba la llegada de Gabriel.

En algún momento los perdí de vista e imaginé que estaban jugando a las escondidas. El predio es muy grande y no podía verlo todo desde la ventana. Conocía el lugar y no había peligros porque la fábrica permanecía cerrada.

De pronto, oí un grito a lo lejos que interrumpió mi labor; presté algo más de atención y el grito sonó desgarrador y cada vez más cercano. Miré a través de la ventana y vi a Guido que se acercaba corriendo, gritando desesperado:

—¡Ezequiel está muerto!

No entendía qué ocurría, pero corrí hacia la puerta y aún hoy no sé por qué lo hice, pero no salí, me detuve y regresé a mi escritorio a buscar el celular y tomé nota del teléfono de Emergencias que figuraba en un cartel a la salida de mi oficina.

Vi que detrás de Guido venían corriendo sus dos amigos. No emitían sonido alguno, pero sus rostros me indicaron que algo grave había ocurrido. Guido me miró a los ojos y entre jadeando y llorando me dijo:

—Mamá, ¡Ezequiel se cayó en un pozo y está muerto!

No había pozos en el lugar, eso no era posible.

Ellos me señalaron la fábrica, así que corrí hacia el lugar. El portón estaba cerrado y era pesado y enorme. Tomé la manija con mis dos manos, apoyé mi pie derecho contra la pared y una fuerza increíble que surgió de mí hizo que el portón comenzara a rodar por sus guías. La escena que se reveló ante mis ojos en aquel momento continúa aún estremeciéndome cuando la evoco. La palabra "recordar" viene del latín *re-cordis*: volver a pasar por el corazón; mi corazón ha sabido sanar y agradecer, pero nunca logré olvidar el desgarro de encontrarme tan de cerca con la muerte.

La fábrica estaba completamente a oscuras y un rayo

de luz intensa penetraba a través de un agujero del techo de chapa y bajaba casi diez metros de altura, atravesando la oscuridad como un láser que iluminaba directo el cuerpo de Ezequiel desplomado en el piso.

Corrí desesperada hacia mi hijo y allí supe por qué había vuelto a buscar el celular y apuntado el número de Emergencias.

Llamé y le pedí a gritos a la mujer que me atendió que enviara una ambulancia porque mi hijo se había caído de un techo. Mientras ella me hablaba yo lo acariciaba lentamente, su cuerpo estaba lleno de hollín y podía sentir su respiración, pero no se movía ni daba señales de escucharme. La mujer me pidió que no le cortara hasta que llegara la ambulancia y se quedó allí, al otro lado de la línea, sosteniéndome con sus palabras. En ese instante entró el portero. Yo estaba arrodillada frente a mi hijo y mientras continuaba acariciándolo con una mano y sosteniendo el teléfono con la otra, levanté la vista, miré su cara pasmada por el horror y con una entereza que aún hoy no llego a comprender le dije:

—¡Corra al portón de entrada que llega la ambulancia!

La mujer del teléfono seguía allí, pidiéndome que no lo moviera y diciéndome que todo saldría bien, que los médicos estaban llegando. La velocidad del tiempo cobra una lentitud insostenible, solo podía hacer lo que estaba haciendo: acariciarlo suavemente, y una y otra vez, acercarme a su oído y susurrarle:

—Te amo, todo va a estar bien, sé fuerte.

Escuché la sirena de la ambulancia y uno de los médicos entró al lugar. Al ver la escena comenzó a gritarle desesperado a su compañero:

—Trae la camilla, ¡esto es muy grave!

Cuando comenzaron a atenderlo vi a Guido y a sus amigos que estaban parados a un costado mirando la escena, uno al lado del otro, sin emitir palabra y llorando en un silencio que ensordeció mi corazón. Eran pibes que se estaban enfrentando a la desgarradora experiencia de la posible finitud de la vida.

Los abracé y les dije:

—Necesitamos ser valientes y actuar rápido. Yo les prometo que todo saldrá bien.

No tenía certeza de esto, pero ellos necesitaban escucharlo. Me miraron atentos y continué:

—Les pido que cuando yo me vaya en la ambulancia se sienten en el banco de la entrada a esperar que vengan a buscarlos.

Asintieron los tres con su cabeza, abracé fuerte a cada uno de ellos y miré al portero que estaba viviendo la peor de sus pesadillas. Le dije:

—Los dejo en sus manos, cuídelos, por favor.

En ese instante, el chofer de la ambulancia me gritó ofuscado:

—¡Señora, suba a la ambulancia!

Me senté a su lado. Ezequiel estaba en la camilla, en la parte de atrás de mi asiento. Escuchaba a uno de los médicos hablando por radio con la clínica: pedía que preparen el quirófano y le gritaba al chofer que se apure, que era necesario llegar pronto.

Tomé mi celular y llamé por teléfono a Claudio, su padre; le conté lo sucedido y que íbamos en camino a la Clínica del Niño. Le pedí además que enviara a alguien a buscar a Guido y sus amigos a la fábrica.

Corté, miré al chofer de la ambulancia buscando consuelo, y le dije, suplicándole:

—Dime que Dios lo va a ayudar, ¡prométeme que va a vivir!

Tomó mi mano con fuerza y con los ojos llenos de lágrimas e indignado con lo que estaba pasando, me dijo:

—Te lo prometo…, yo te lo prometo. Vamos a llegar a tiempo.

Yo le creí…, necesitaba creer.

De allí en más todo fue una terrible pesadilla y también un maravilloso milagro.

Ezequiel fue internado en terapia intensiva y al rato de llegar el médico nos dijo que había entrado en coma. A la mañana siguiente despertó, la tomografía reveló dos coágulos en su cerebro, uno frontal y otro en la parte posterior.

Pasó diez días en terapia esperando ver si su cuerpo respondía a los medicamentos. De no surtir efecto tendrían que operarlo y trepanar su cerebro para quitar la sangre acumulada.

Durante los días subsiguientes Ezequiel fue mostrando mejorías poco a poco. Gracias a los corticoides dados a tiempo, su cuerpo reabsorbió los coágulos y no fue necesario operar. Su neurólogo me dijo una tarde en la puerta del sanatorio:

—Son afortunados. Yo tengo pacientes que se caen de una cama y quedan como cactus para el resto de sus vidas, y él cayó casi de diez metros y está dando pelea con una fortaleza increíble.

Mientras Ezequiel estaba internado hicimos una interconsulta con un renombrado especialista del Hospital Garrahan. El doctor nos recibió en su oficina, una sala grande con pocos muebles, miró la tomografía del primer día y las de los días siguientes y le llamó la atención la reacción positiva que Ezequiel estaba teniendo a los medicamentos.

—¿Ustedes creen en milagros? —nos dijo a su padre y a mí—. Porque esta evolución es milagrosa. Mi única recomendación para este caso es que continúen con el tratamiento tal cual lo están haciendo, pero principalmente lo que han de hacer es comprar una gran botella de champagne para esta Navidad y ¡brinden por este nuevo nacimiento! ¡Tienen que celebrar y agradecer!

David Ben-Gurión dijo alguna vez que quien no cree en milagros no es realista, y si hay algo que me dejó como enseñanza esta experiencia es que la realidad está hecha de milagros, pequeños y grandes milagros que dan forma a nuestra vida.

Recuerdo una de las tardes en que estaba sentada en las escalinatas de la entrada de la clínica esperando junto a Guido la hora de visita de terapia y él, mirando el galpón del estacionamiento de enfrente, me dijo:

—Si yo me tiro de ese techo, ¿me van a traer todos los regalos que le traen a Ezequiel? No es tan malo tener un accidente porque después recibís muchos regalos.

Me corrió una quemazón por el cuerpo y me di cuenta de que él sentía que no estaba recibiendo la atención que le brindábamos a su hermano. De hecho, había pasado los últimos días en casas de amigos, abuelos y tíos porque su padre y yo estábamos todo el tiempo en la clínica.

Le compramos un gran regalo como premio a su valentía; tenía tan solo ocho años y había bajado del techo para venir a avisarme lo ocurrido y también se había quedado solo con sus amigos a esperar que lo buscaran en medio de una gran incertidumbre. Él había pasado por una difícil experiencia y estaba necesitando ser visto y apreciado, al punto tal de creer que podía conseguir ese aprecio llamando la atención que su espíritu pedía.

Esto puede parecer extraño, pero las personas hacemos un montón de cosas que no son buenas para nuestra vida solo para sentirnos apreciados. Procuramos llamar la atención de maneras inimaginables y somos muy poco conscientes de ello. Necesitamos ser apreciados, reconocidos y valorados, pero no a cualquier precio.

El 24 de diciembre, por la tarde, volvimos a casa. Los médicos dijeron que para cuidar el estado anímico de Ezequiel lo mejor era armar una sala de cuidados en nuestro departamento y pasar las fiestas en familia fuera de la clínica. Sus amigos le dejaron un emotivo cartel de bienvenida con mensajes y globos de colores en la puerta de entrada.

Le armamos una cama con los sofás del living, la pusimos al lado de la mesa del comedor y Claudio salió a comprar comida para la cena de Navidad –algo que no estaba en los planes– antes de que cerraran los comercios. La abuela de Pato, su amigo, tocó el timbre y nos trajo de regalo una exquisita torta de chocolate, ¡ya teníamos el postre! Y por supuesto, seguimos las recomendaciones del doctor: compramos una gran botella de champagne para celebrar y agradecer a la vida.

Durante la cena, Miguelina, la abuela paterna de Ezequiel, que es muy católica, decía que Dios le había enviado a su nieto un ángel de la guarda para que lo sostuviera en sus brazos al caer y le amortiguara el golpe. Mi papá, agnóstico y renegado de la religión, le respondió con tono de enojo:

—¡Si Dios existiera no debió haberlo dejado caer!

Cada uno buscaba transitar su dolor como podía.

Mientras ellos conversaban miré a Ezequiel, que dormía plácidamente en el sillón, y entendí que estaba viviendo una verdadera Navidad, un nuevo nacimiento. Nacía para mí una nueva manera de sentir la vida. Estamos expuestos a la finitud de la vida a cada instante y también a la inmensidad de sus milagros.

Ayer, casualmente, me encontré con Federico, uno de los amigos que estaban aquel día y que hoy tiene 28 años; le conté que anoche lo recordé porque estaba escribiendo este relato. Me dijo que durante seis años, cada 14 de diciembre, yo los pasaba buscar y los llevaba a comer hamburguesas para celebrar un nuevo aniversario, y, además, agregó:

—Fui yo quien quedó enganchado colgando de la chapa rota del techo. De repente sentí que alguien me tironeaba con fuerza del otro brazo para que no cayera, era Ezequiel que me ayudaba. Hizo tanta fuerza que logró sacarme, pero tuvo la mala suerte de que esa misma fuerza rajó la endeble chapa bajo sus pies. Aún hoy recuerdo la sensación al verlo caer por el agujero esperando escuchar el ruido del golpe de su cuerpo contra el piso, pero era tanta la altura que el sonido nunca me llegó.

Seis años después, cuando Ezequiel tenía dieciséis años, tomamos juntos un curso de Oratoria. Personalmente creo que la oratoria es una competencia para la vida y mi hijo tiene muchas cualidades para la comunicación. Ezequiel era un adolescente y el profesor que lo dictaba tenía más de 75 años. Le pregunté si podía asistir con mi hijo y me dijo que sí, pero que íbamos a probar porque la Academia de Oratoria Contemporánea no había tenido antes un alumno menor de veintiún años. Sin embargo, se enamoraron a primera vista uno del otro;

Ezequiel lo admiraba y Alberto Bustamante lo cuidaba como a su nieto.

Para nuestra tercera clase teníamos que preparar una ponencia de cinco minutos sobre un tema que quisiéramos compartir con nuestros compañeros. El profesor nos recomendó que comenzáramos con algo sencillo, por ejemplo, nuestra vieja escuela, las vacaciones o el barrio. Yo llevaba ya varios años dando charlas y conocía y aplicaba las técnicas de oratoria; para mí el objetivo de este curso estaba en compartir esta experiencia con mi hijo, así que no me tomé demasiado trabajo y decidí hablar de lo que conocía y me gustaba: la diferencia entre sentir placer y disfrutar.

El profesor decía que la primera impresión es muy importante. Ezequiel, que seguía a pie juntillas sus enseñanzas, obviamente se preparó con esmero para su charla: traje negro y camisa blanca, el atuendo que le habíamos comprado para asistir a las fiestas de quince de sus compañeras. Mientras íbamos en el auto hacia la clase le pregunté qué tema había elegido y me respondió:

—Es sorpresa.

Tomamos asiento en el aula y nos dispusimos a escuchar a nuestros compañeros. Pasaron dos de ellos, uno nos contó sobre su infancia en el pueblo en que había nacido y el otro acerca de unas divertidas vacaciones con amigos. Luego llegó el turno de Ezequiel. Se puso de pie con su elegante traje al frente de la sala y con voz segura dijo:

—Voy a hablarles de la muerte.

Todos nos miramos sorprendidos, no era precisamente un tema light como había recomendado el profesor.

—Hace unos años atrás yo tuve un accidente, me caí de un techo —dijo ante la mirada atónita de quienes lo escuchaban, y relató paso a paso su vivencia de lo ocurrido hasta que finalmente agregó:

—Ese día supe que basta solo un segundo para que nuestra vida se esfume.

Desde que se plantó al frente de la sala no paré de llorar. Nadie hablaba, había un silencio cómplice en el aula que hacía penetrar las palabras como un torrente de sabiduría inocente que lo inundaba todo.

—Vine a hablarles de cómo la cercanía de la muerte me conectó con la vida. Vine a decirles que esta vida que tienen mañana puede no estar. En un rato puede no estar y que este curso de oratoria puede ser lo más inútil que estemos haciendo o puede ser lo mejor que hagamos si con ello podemos, entre otras cosas, aprender a decir "te amo".

Las lágrimas de otros se sumaron a las mías. Cuando finalizó el profesor lo miró y le dijo:

—Podría darte feedback de algunas cuestiones técnicas a mejorar, pero el coraje que tuviste con apenas dieciséis años para pararte al frente de este auditorio y darnos una lección de vida es algo que casi todos los que estamos aquí presentes debemos aprender.

La *Apreciatividad,* esa capacidad tan olvidada a diario y ahogada en las urgencias de la vida, se nos presenta sin dudas y con profunda claridad en momentos de adversidad. Momentos en los que muchas veces ya es demasiado tarde para aplicar sus beneficios.

Mi familia y yo tuvimos la fortuna de que la muerte solo vino a coquetearnos y a pesar de que no elegiría repetir esta experiencia –mi cuerpo lo evidenció, llegué a pesar cuarenta y cinco kilos y tardé un año en recuperar mi peso–, sí reconozco que me ha dejado valiosas enseñanzas, la que más atesoro: acordarme de celebrar la vida.

65

Puede sonar a una verdad de Perogrullo, pero celebrar la vida está muy ausente en nuestro día a día. Festejamos poco y reducimos las posibilidades de sentir agradecimiento y alegría, emociones que hasta parecen tener mala prensa.

No solo nos acostumbramos a lo bueno y olvidamos festejarlo, también la cultura y la educación relegan a un segundo plano las celebraciones.

¿Cuántos problemas nos ocupamos de resolver en la última semana, en el último mes, en el último año? Y si de celebraciones se trata… ¿cuántas organizamos? ¿A cuántas fuimos en esta semana, en el último mes, en el último año? Y hablo de celebraciones profundas, no de atontamientos que solo sirven para hacernos olvidar por un rato las preocupaciones, o que incluso nos inducen a perder conciencia del valor de la vida llenándolos de excitaciones con gente que no nos interesa, o con el alcohol o la droga.

Los rituales de celebración han sido creados por el ser humano para detenernos a agradecer aquello que, por la velocidad en que vivimos y por acostumbrarnos a tenerlo, no valoramos en el día a día. El Día del Padre y el de la Madre, la fiesta de la Pachamama, el Día del Amigo o los carnavales son festividades que nos recuerdan el valor de la familia, la naturaleza, las relaciones y nos ayudan a recobrar la alegría de estar vivos. Estos rituales son muy saludables y promueven la *Apreciatividad* si se practican desde el espíritu con el que fueron creados. Lamentablemente, no siempre ocurre esto y su profundidad se pierde en shoppings atiborrados de personas corriendo detrás de una oferta para cumplir con algún regalo de poco contenido significativo.

Hace unos años caí en la cuenta de que había sido amenazada desde niña y, lo que es peor aún, yo también imité esta práctica y amenacé a mis hijos.

Esta práctica, instalada especialmente en la tradición judeo-cristiana, pretende a apreciar algo por medio de la amenaza que nos produce la posibilidad de perderlo.

"Agradecé la juventud, ya la vas a extrañar en unos años", decía mi abuelo. "Comé, hay chicos que mueren de hambre, ojalá nunca te falte un plato de comida", decía mi abuela cuando no quería comer lentejas. "Dejás todo desordenado, ya vas a extrañar que te limpien cuando te vayas a vivir sola". "Agradecé que tus viejos están, ya vas a ver cuánto los vas a extrañar cuando no estén". De algún modo acusamos al otro de ser un ingrato por no dar valor a todo lo que tiene –casi siempre las frases anteriores se rematan con un "sos un desagradecido"– y, al hacerlo, ejercemos el efecto contrario que estamos buscando porque generamos más culpa que valoración. Lo contrario a apreciar no es el desprecio, es la indiferencia, y si bien es cierto que lo que no se aprecia se deprecia, es decir, disminuye su valor, despreciar no es su sinónimo. Despreciar es considerar que algo no merece mi valor y aprecio y eso no es lo que les pasa a quienes no visitan a la abuela, no agradecen lo que sus padres o amigos hacen por ellos o la bendición de tener un trabajo; ellos van a sufrir la pérdida porque en verdad los aprecian a pesar de no ser conscientes de ello en su cotidianeidad. Sin embargo, quien desprecia hasta puede alegrarse y sentir alivio cuando un familiar cercano escapa de su vida.

Siempre me inquietó cómo sostener el aprecio conectándonos con lo que las cosas y las personas nos despiertan sin necesitar imaginar el futuro sin ellas para dimensionar cuán importantes y valiosas son.

Incluso, algunas veces, imaginar la pérdida es contraproducente porque miramos a corto plazo y solo vemos la inminente angustia de la abstinencia –esa por la que es necesario pasar para desapegarnos de lo tóxico– y por no padecerla, por evitar la tristeza y el sufrimiento comenzamos a atribuir una sobrevaloración a lo que tenemos para justificar de algún modo por qué nos quedamos con personas o en situaciones que no son buenas para nuestra vida. Lo mismo ocurre a la inversa, cuando sobrevaloramos lo que no tenemos, pero cuando llega, cuando lo tenemos, ¡oh sorpresa! ¡No era para tanto! Pero pasamos mucho tiempo poniendo energía en algo que terminó dándonos poco o nada de felicidad.

¿Qué harías si fuera el último día de tu vida? ¿Qué harías si fuera la última vez que lo vas a ver? Son preguntas útiles, pero no son las únicas ni quizá resulten la efectiva forma para tomar acciones que amplifiquen lo valioso. Hace un tiempo descubrí que hay otra manera menos angustiante y más agradable para hacerlo.

Se trata de mirar a las personas, las cosas y los sucesos como si fueran el comienzo, no el final. Con la alegría y la curiosidad que sentimos cuando algo nos ocurre por primera vez.

¿Qué harías hoy si fuera el primer día de tu trabajo? ¿Qué harías hoy con tu pareja si fuera tu primera cita? ¿En qué gastarías hoy tu sueldo si fuera el primero? ¿Qué harías hoy si fuera el primer día de tu viaje? Debemos estar abiertos a sorprendernos por lo novedoso, a asombrarnos y regocijarnos con lo mejor que encontramos. Aquí no hay angustia, aquí hay expectativa, curiosidad, ilusión.

Aún conservo la botella de champagne que descorchamos aquella Navidad, como un símbolo que me recuerda que tengo mucho para celebrar y que no solo he de apreciarlo, también debo asumir el compromiso de aumentar mi manera de celebrar los milagros.

No se trata de agradecer que mis hijos están vivos, hace falta acción; es decir, hacer crecer esta bendición: organizar una salida, juntarnos a comer, cocinar juntos. ¡Celebrar la vida!

No me digo "Andá de viaje…, acordate lo que pasó, a ver si mañana es tarde". Demasiado foco puesto en "¡Ojo, se puede terminar!". Eso angustia.

Tampoco se trata de ir al pasado a vivir con melancolía lo bueno; por el contrario, se trata de una nostalgia saludable que nos mueva a la acción, a multiplicar aquello que queremos ver más en nuestra vida por el simple hecho de que vivirlo nos hace felices y no por la culpa que nos dará mañana no haber sabido aprovechar el momento.

¿Te acuerdas del día que nació? ¡Cuánta alegría! ¿Te acuerdas del día que viajaron los dos solos por primera vez? Vagaron por Guatemala y disfrutaron aventuras juntos en el lago Atitlán. ¿Te acuerdas del día que encontraste la carta que te dejó bajo la almohada antes de irse de campamento? ¡Qué linda sorpresa! Y me digo: "Bueno, ¡a ver cómo haces para tener más de eso!".

Se acaban las historias de amor, los momentos compartidos, las vacaciones, la plata, la salud, la vida, y duele y a veces nos deja de a pedacitos difíciles de volver a juntar. Sin embargo, para que algo pueda terminar tiene primero que haber comenzado, para que algo se acabe tiene antes que haber estado presente. En momentos de angustia y dolor se nos hace difícil agradecer y darnos cuenta de la fortuna de haber tenido momentos de plenitud. Hubo vacaciones, un gran amor, juventud, salud, un amigo, un padre…, por poco o mucho tiempo que hayan pasado por nuestra vida, la realidad es que han estado en ella y es saludable acordarnos de esos momentos y poder celebrar la dicha vivida y, también, en el presente, agradecer y celebrar la dicha de lo bueno que se tiene, sin importar cuánto dure.

Si mi abuela viviera le contaría que estoy teniendo una vida de novela. Cada mañana la realidad me entrega un libreto y yo hago los ajustes finales. A veces la protagonista se enamora del apuesto señor del tren y también logra un buen contrato laboral; otras, llora en soledad y le duele la vida.

¡Llegó el momento de la acción!

Celebraciones

Haremos una revisión de tus rituales de celebración con el propósito de sumar *Apreciatividad* a tu vida. Es probable que muchas de las celebraciones que llevas adelante durante el año hayan perdido su verdadero sentido, y si bien probablemente las disfrutas, no aportan mayor conciencia de lo valioso y en consecuencia tampoco te sientes inspirado a expandirlas.

- Prepara una lista de las celebraciones que realizas a lo largo del año (Día de la Madre, Día del Amigo, cumpleaños, Navidad, etcétera).
- Marca con una cruz aquellas que heredaste de tu familia.
- Deja sin marcar las que tú incluiste en tu vida y que no fueron parte de la herencia de tu familia y entorno más cercano.

- Dibuja un círculo en aquellas que te gustan y que tienes deseos genuinos de continuar celebrando. Cada una de ellas deberá responder al siguiente cuestionario:
  - ¿Conozco su origen, el espíritu y el porqué de su celebración?
  - ¿El modo en que las celebro respeta su espíritu y el verdadero objetivo de este ritual?
  - Al finalizar, ¿me siento entusiasmado y agradecido? ¿Siento que me voy enriquecido de esta celebración?
  - De ser así, ¿qué pasos y prácticas tiene este ritual que deseo conservar? ¿Cuáles podría incluir para hacerlo aún más efectivo?
  - De no ser así, ¿cómo me gustaría que fuera esta celebración? ¿Qué nuevas prácticas necesito incluir en este ritual para alcanzar el objetivo?
  - Diseña un formato paso a paso.
  - Llévalo a la práctica y registra la experiencia.

Un ritual no es lo mismo que rutina; ritual es una cita con nosotros y, a veces, también con otros y ha de realizarse disfrutando del presente. Debe darnos placer y concordar con nuestros valores.

Te invito a expandir tus celebraciones:

¿Qué acontecimientos de tu vida merecen celebrarse? ¿Con quién? ¿Cómo?

Practica celebraciones con cosas tan pequeñas y posibles que puedas hacerlas esta semana. No demores ni relegues tus celebraciones, dales el mismo trato que le das a tus problemas: atención y prioridad.

> ❖ **Recuerda: explorar, descubrir, valorar y expandir.**
> **¡Hazlo crecer!**

Preguntas reflexivas

> ➤ ¿Qué aprendizajes y descubrimientos encuentras en esta experiencia?
> ➤ ¿Qué beneficios te deja esta práctica? ¿Cuáles a quienes te rodean?
> ➤ ¿Qué emociones y sentimientos reconoces en ti en este momento?
> ➤ ¿Sientes que esta práctica te ayuda a crecer? Si es así, ¿en qué y para qué te es útil este crecimiento?
> ➤ ¿Percibes algún cambio en tus ideas anteriores luego de hacer este ejercicio? De ser así, ¿cuáles?

Capítulo 4

El anestesista

Cada año voy a la clínica a realizarme mi chequeo de salud. Es una práctica que realizo hace largo tiempo porque sé que hacerlo puede alargarme la vida y que además me previene de sufrimientos innecesarios.

Así lo comprobé en mi último chequeo, en el que descubrieron unos pequeños pólipos en mi vesícula, hasta el momento asintomáticos. Los médicos coincidieron: era mejor quitarlos para evitar dolores o posibles alteraciones.

¿Cuándo hacerlo? Un 29 de diciembre. Así que decidida a pasar Fin de Año comiendo calabaza y brindando con agua, me entregué confiada a los médicos.

Me citaron a las 8 am y a las 9 am ya estaba preparada para ir al quirófano. Mi elegante vestido negro fue reemplazado por un delantal celeste pálido enorme al que, para darle un toque más sexy, habían acompañado con un par de "zapatos" de tela y una cofia que le daba más estilo al atuendo. Con esta indumentaria me llevaron en camilla al piso de cirugía. Al entrar al sector conté al menos nueve quirófanos y observé a numerosos profesionales de la salud que entraban y salían. Los había de uniformes amarillos, blancos, celestes y hasta algunos con originales cofias de estampados multicolores. Se veían más elegantes que yo. El camillero que me llevaba acercó la camilla a un costado de la sala y me dijo que vendrían pronto a buscarme. Mientras esperaba ansiosa mi turno me entretuve observando lo que ocurría a mi alrededor. Presencié las corridas que provocó el nacimiento de un bebé de apenas 2,300 kg y vi la felicidad de los médicos y enfermeros al saber que todo estaba bien; incluso pasaron con la incubadora delante de mí. ¡Era un bebé hermoso!

También vi los rostros de felicidad de quienes con éxito habían colocado los clavos en un tobillo de un asustado joven. Mientras todo esto ocurría yo continuaba en el rincón de la sala, acostada en la camilla, esperando mi turno. Todos estaban tan ocupados que no advertían mi presencia, iban y venían pasando junto a mí, dejándome a lo sumo de regalo una sonrisa pasajera. De pronto un hombre de los de atuendo amarillo tomó mi mano con su mano derecha y con la otra me acarició la cabeza mientras me preguntaba:

—¿Cómo estás?

—Bien —le respondí con una sonrisa. Me sorprendió gratamente que alguien se me acercara.

—¿De qué te operás?

—De la vesícula —dije mientras señalaba mi panza.

—¡Ahhh! —exclamó—.Tranquila, sos delgada, en veinte minutos ya estarás afuera perfecta. ¿Quién te opera? —me preguntó.

Busqué en mi mente el nombre en unas milésimas de segundos y le dije:

—Minetti, el Dr. Minetti.

—¡Cuidado! —exclamó en tono de broma y con voz baja como en secreto continuó:

—Ese toma, ¡le gusta el vino!

Se dibujó una sonrisa en mi rostro y él continuó su camino hacia uno de los quirófanos. No me dijo su nombre, ni qué hacía allí, pero en ese instante sentí muy claramente que había recibido un acto de aprecio, reconocimiento y empatía.

Luego de un rato lo vi pasar y le hice señas con mi mano para que se acercara. En ese mismo momento se abrió la puerta que estaba a mi derecha y salió un hombre con vestimenta de cirujano. Mi amigo hizo un gesto como señalándolo con su cabeza y me dijo:

—Este es el que te opera —y agregó—: El que te conté que toma.

El cirujano lo escuchó, lo miró y se rieron juntos de la broma.

—¿Cómo te llamás? ¿Qué hacés en este lugar? —le pregunté.

—Me llamo Nicolás y soy el Jefe de Anestesistas —me respondió.

—Nicolás, quiero que sepas que por aquí pasaron muchas personas y que el único que se acercó a tomarme de la mano y registrarme fuiste vos y te lo quiero agradecer —le dije mientras veía cómo era a él a quien ahora se le dibujaba una sonrisa en el rostro.

—Sabés —me dijo ya con tono serio—, yo estuve en tu lugar y no es fácil. Hay temores, dolor y ansiedad. No solo vos estás pasando por esto, apuesto que afuera hay gente esperando por vos que no recibe ninguna contención. Llevo años luchando para que alguien contenga y acompañe a los que con esperanza ansían durante horas una buena noticia —concluyó.

—Gracias por tus caricias —le dije—. Me hicieron mucho bien.

Me miró a los ojos, apretó suavemente mi mano y continuó con su labor.

Llegó el momento de mi turno. Y si bien no fue Nicolás quien me anestesió, sabiendo que él era el jefe del equipo me sentí tranquila. Mientras la anestesia comenzaba su efecto el joven médico me preguntó:

—¿A qué te dedicás?

—Te lo digo antes de que la anestesia me pegue para que no pienses que mi respuesta es un delirio producto de sus efectos —le respondí, mientras comenzaba a sentir ya la pesadumbre en mi lengua—.Trabajo en el desarrollo del aprecio para que las personas alcancen mayor felicidad personal y laboral.

El hombre y la enfermera se miraron sorprendidos, sonrieron y él agregó:

—¡Qué bien nos vendría algo de eso!

No escuché nada más, me dormí.

La *Apreciatividad* no nació ayer; los grandes líderes, filósofos, mi abuela y los médicos de familia supieron siempre que el aprecio y la valoración son importantes en la vida de las personas y que el incremento de esta capacidad humana puede resolver muchas de las problemáticas que vivimos a diario.

Cuando yo era niña el médico de la familia no dudaba en tomarte de la mano cuando te atendía. Cuando venía a domicilio nos dedicaba su tiempo y atención mientras mi abuela le servía un café y hasta algún dulce casero a modo de agradecimiento por su visita. Cualquiera fuera el diagnóstico siempre se haría más llevadero con muestras de afecto y empatía.

La *Apreciatividad* está presente en nuestras vidas, solo que muchas veces está algo aletargada y dormida, producto de la velocidad en que vivimos y la gran cantidad de distractores que capturan nuestra atención. En la actualidad muchas profesiones han ganado terreno en aspectos tecnológicos y científicos, pero lamentablemente han ido perdiendo algunas de las buenas prácticas que también son parte importante de su efectividad.

Seguramente, en aquella sala de quirófanos había más urgencias que atender antes que detenerse a mimar a una paciente nerviosa. Y si en aquel momento me preguntaban a mí si quería ser atendida por un médico eficiente o uno cariñoso, seguramente elegiría al eficiente.

Pero, ¿ha de ser solo así o podemos encontrar un justo equilibrio?

Esta experiencia me ocurrió hace ya varios años y aún la recuerdo gratamente. A lo largo de mi vida me han atendido muchos médicos y en su mayoría lo han hecho muy efectivamente, pero yo recuerdo al anestesista porque él hizo una diferencia y fue mucho más allá de su profesión. Él me valoró y me reconoció cuando lo estaba necesitando. Lo recordaré como a uno de esos grandes tesoros que encontramos a lo largo de la vida y que nos reconfirman que ser apreciados es uno de los fines del ser humano, que somos importantes, que estamos aquí para algo y que nuestra presencia es única.

Expresar apreciación por los demás construye lazos sociales, aumenta la autoestima de las personas y promueve estados emocionales positivos como el orgullo y la alegría. Aunque la *Apreciatividad* es considerada una predisposición, también se la ve como algo que las personas pueden aprender a lo largo del tiempo, es decir, la *Apreciatividad* es un músculo que se ejercita. Puede que a Nicolás le saliera muy fácilmente tener este tipo de comportamiento y también es posible que a alguno de los integrantes de su equipo le resultara menos fácil. Sea cual sea el grado de predisposición con el que se cuente, esta capacidad siempre se puede entrenar y cultivar.

Hay personas que saben que sus acciones importan; personas que no buscan grandes impactos, sino que son expertos en pequeños actos cotidianos que hacen una diferencia positiva en sus entornos y en las personas que se cruzan en su camino. No se resignan ante el resentimiento y la indiferencia que muchas veces reina a su alrededor y confían en que ellos pueden dejar su huella comprometiéndose a hacer con excelencia su parte.

Hoy, 20 de julio de 2022, vine a la clínica a visitar a mi papá que está internado y al entrar pasé por la administración a preguntar por Nicolás. Yo nunca me había contactado con él, pero al regresar a la clínica sentí que era el momento de contarle que publicaría la historia y, además, pedirle permiso para publicar su foto.

—Estoy buscando a Nicolás, era Jefe de Anestesistas hace más de dos años, no sé su apellido —le dije al señor de la ventanilla de personal.

Me miró dudoso, quizá pensó que venía a hacer un reclamo, así que rápidamente agregué:

—Tal vez te suene raro lo que voy a decirte. Soy escritora y hace unos años Nicolás fue el anestesista en una operación que me realicé aquí y él tuvo una actitud hermosa conmigo que yo relato en mi próximo libro y me gustaría que él lo sepa y mostrarle nuevamente mi agradecimiento por lo que hizo aquel día.

—¿Es Nicolás…? —me dijo un apellido que no recuerdo.

—No lo sé, nunca supe su apellido.

—Él fue el Jefe de Anestesistas durante muchos años aquí —me dijo.

—¿No trabaja más? —le pregunté.

—Murió en abril, de muerte súbita.

Un escalofrío corrió por mi cuerpo. Supuse que tal vez podría encontrarme con la noticia de que ya no trabajaba más en ese lugar, pero nunca imaginé recibir la noticia de su muerte.

El hombre me miró apenado y me dijo:

—Hice una publicación en mis redes cuando falleció —comenzó a buscar en su celular y me mostró una foto.

—¿Es este?

—Sí —le respondí, conmovida.

—Aquí lo queríamos mucho, su muerte fue un impacto para todos nosotros.

No supe más qué decir, solo le di las gracias, pegué media vuelta y me fui caminando hacia el sector donde estaba internado mi papá; mi cabeza buscaba dar sentido a lo que acababa de escuchar. Supe que Nicolás seguía enseñándome cosas, aun sin estar; agradecí que el día de la operación supe darle las gracias en persona. Hoy, yo quería hacerle un homenaje en vida, pero no llegué. Aquí va mi reconocimiento a aquellas personas que con actos cotidianos de aprecio y valoración tocan la vida de aquellos peregrinos que, como ellos, andan recorriendo el camino de la vida. ¡Muchas gracias, Nicolás!

¡Llegó el momento de la acción!

Vamos a copiar lo bueno

Aprendemos por imitación, así que una manera de adquirir los comportamientos que estamos buscando desarrollar es acercarnos a aquellos que ya los poseen, observarlos y profundizar en ellos. Identifica a una persona de tu entorno que consideres que actúa desde la firme convicción de que sus acciones importan y pueden hacer una diferencia, alguien que da lo mejor de sí y con ello impacta positivamente en la vida de otros:

Nombre ....

¿Qué atributos tiene?

1 ....

2 ....

3 ....

4 ....

¿Cómo se refleja esta convicción en su día a día?
Es decir, ¿qué comportamientos observas

en su trabajo? ....

en su relación con otros? ....

en su relación con sí mismo? ....

Prestando atención a su lenguaje.

¿Qué frases y palabras positivas le escuchas decir?

....

....

¿Qué beneficios ves que obtiene con esta actitud?

....

....

De lo que anotaste hasta aquí, identifica aquellos puntos que sientes que tú y esta persona tienen en común.
¿Cómo puedes expandir estos puntos y utilizarlos aún más en tu vida? Describe algunas acciones posibles para la próxima semana:

....

Anota al menos tres beneficios que hacerlo tendrá para tu vida:

....

Anota al menos tres beneficios que hacerlo traerá a la vida de otros:

....

❖ **Recuerda: explorar, descubrir, valorar y expandir.**
¡Hazlo crecer!

Preguntas reflexivas

> ➤ ¿Qué aprendizajes y descubrimientos encuentras en esta experiencia?
> ➤ ¿Qué beneficios te deja esta práctica? ¿Cuáles a quienes te rodean?
> ➤ ¿Qué emociones y sentimientos reconoces en ti en este momento?
> ➤ ¿Sientes que esta práctica te ayuda a crecer? Si es así, ¿en qué y para qué te es útil este crecimiento?
> ➤ ¿Percibes algún cambio en tus ideas anteriores luego de hacer este ejercicio? De ser así, ¿cuáles?

Capítulo 5

Bailemos un tango

Llegué a Aruba por una desgracia, el 11S, el día del atentado a las Torres Gemelas. Doris, Susana y yo teníamos programadas unas vacaciones para viajar a finales de septiembre a Nueva York. Todo estaba organizado y de un momento a otro el rumbo de los planes cambió. Este horroroso acontecimiento impactó en la vida de muchas personas de manera radical. Lo nuestro solo era una trivialidad frente a la magnitud de semejante tragedia.

Nada de lo que teníamos pagado sería devuelto, ni pasajes ni hotel. Las condiciones no eran óptimas para hacer turismo. Decidimos entonces dejar ese viaje abierto para hacerlo unos meses después y tomar ahora unas vacaciones en otro destino: Aruba, una isla caribeña con arenas blancas y mar turquesa, repleta de joyerías y casinos. Allá fuimos a conocer el lugar y a comprobar a qué se debía su slogan: "Aruba, una isla feliz". ¿Sería por sus paisajes, por su gente o por las esmeraldas?

En nuestra tercera noche en la isla decidimos ir a cenar a una cadena de restaurantes típica del Caribe, Carlos and Charlie's. Comida sabrosa, música variada, tragos exóticos, gente de todas partes del mundo y de todas las edades. Una diversidad que le daba atractivo al lugar.

Me encanta habitar espacios donde se entremezclan personas tan diferentes y de distinto origen. Podía verse a un joven de veinte junto a un señor de setenta, o ver conversar a un francés con un japonés o un chileno. Todo esto era posible en Carlos and Charlie's.

Tomamos una mesa en una buena ubicación. La atendía un moreno y simpático venezolano. Cuando trajo nuestras bebidas me dijo:

—¿Qué perfume usas? La chica del guardarropa me pidió que por favor lo anotes aquí en este papel.

Y me entregó una hoja con una lapicera. Lo miré asombrada y escribí Amarige by Givenchy. Le entregué la nota y acercando su nariz a mi hombro me dijo:

—Tiene razón, hueles maravillosamente bien.

Doris me miró y dijo con firmeza:

—¡Mañana compro un frasco para mí! Me puse casi la mitad de la botella del mío y nadie notó nada y a vos, con solo dos rociadas detrás de la oreja, te huelen de lejos.

Nos reímos a carcajadas. En verdad tenía razón, ¿cómo podía la chica del guardarropa haber quedado tan atraída por mi perfume?

Parafraseando a Coco Chanel: "El perfume anuncia la llegada de una mujer y alarga su marcha". Así parece.

Luego de comer rico, entre risas y charla, la música nos cautivó y nos fuimos a la pista. ¡Estaba repleta! Disfruto bailar y de la experiencia de sentir vibrar la música en mi cuerpo. Mientras estaba moviéndome al ritmo de una rumba, un delgado varón rubio de atractivos ojos celestes se acercó y me sonrió. Le devolví la sonrisa. Es un idioma universal, fue así que rápidamente nos conectamos.

Me habló en alemán y no entendí. Le dije en inglés:

—Disculpa, solo hablo español y un poco de inglés.

Me respondió, en un inglés peor que el mío, que él no hablaba español. Nuestros obstáculos idiomáticos, sumados al volumen de la música, hicieron que nuestro diálogo fuera casi monosilábico. Solo intercambiamos nuestros nombres y de donde éramos y apenas comprendí que el joven había llegado en uno de los tantos cruceros que a diario visitan la isla.

Nuestra comunicación verbal era incomunicación pura, así que poco a poco las palabras dejaron de ocupar espacio en la pista y nuestros cuerpos supieron encontrar el modo de conversar mejor y más fluido. Miradas, gestos y sonrisas hablaron sin necesidad de vocablos. Hacía mucho calor y mi vestido de jersey azul se adhería cada vez más a mi cuerpo, producto del sudor, y la remera bordó de él corría la misma suerte. Vi que mis amigas habían ido por un trago así que unos minutos después le dije a mi acompañante que nos veríamos luego y fui también a buscar una cerveza.

El lugar estaba abarrotado de gente y nos quedamos con mis amigas en un rincón de la barra disfrutando de la escena. Altos, bajos, rubias, morenas, jóvenes y no tan jóvenes, apuestos y no tan agraciados, todos coincidían en ese instante en una isla del Caribe hablando un idioma que les era común: bailar, divertirse y disfrutar de un rato con otros.

Escucho a Susana decirme:

—Ahí viene el alemán.

Giré mi cabeza y vi que se acercaba directamente a mí. Le sonreí y cuando estuvo a mi lado acercó lentamente sus labios a mi oído para que pudiera escucharlo y me dijo:

—¿Bailas tango?

Me sorprendió su pregunta, no sabía si había comprendido bien lo que quiso decirme.

—¿Tango? —le repregunté y él asintió con su cabeza.

—Sí —le respondí—, solo un poquito.

No sé cómo me atreví a decir esto. Nunca había tomado clases de tango y las veces que lo había bailado fueron de pura caradura.

—¿Bailarías tango conmigo? —me dijo entonces, apoyando su mano en la cintura y haciendo un movimiento de baile con su cuerpo.

—Aquí no hay música de tango —le dije, mientras de fondo sonaba Celia Cruz al ritmo de *La vida es un carnaval*.

Me indicó con su mano que esperara un minuto, dio media vuelta y lo seguí con mi mirada. Observé cómo se dirigía directo a la cabina de música que estaba elevada en un rincón sobre la pista. Pude verlo subir las escaleras y conversar con el disc jockey, quien girando su cabeza de lado a lado parecía estar diciendo claramente que no.

No podía ser cierto lo que estaba ocurriendo. ¿Cómo podía creer este hombre que bailáramos un tango? Eso solo era posible en una película.

Lo vi bajar de la cabina y dirigirse con paso decidido hacia mí entre la muchedumbre.

Sin decir una sola palabra me tomó de la mano y, firme pero cálidamente, me llevó con él en dirección a la pista de baile. Solo atiné a dar vuelta mi cabeza y mirar con mis hombros encogidos a mis amigas, dando a entender que no sabía qué ocurría y hacia dónde iba. Él caminaba delante y yo seguía sus pasos tomada de su mano. Cruzamos entre la gente y pasamos por el centro de la pista, pero para mi sorpresa no se detuvo allí y continuó hasta la puerta del lugar. Un hombre moreno y fornido, tal cual una estatua de ébano, custodiaba la entrada. Vestía un impecable traje negro acompañado de un gesto de pocos amigos. El joven alemán le indicó que saldríamos a la calle unos minutos, a lo que el custodio asintió con la cabeza. Yo no decía una sola palabra, creo que mi mente estaba tratando de comprender, sin lograrlo, qué habría de ocurrir.

Atravesamos la vereda y me llevó al medio de la calle. Hizo un gesto de stop con su mano a los conductores de los autos que estaban detenidos en el semáforo mientras con la otra me tomó de la cintura. Un instante después mis pies apenas rozaban el asfalto. Me había abrazado para bailar el tango y acercando nuevamente sus labios a mi oído comenzó a tararear *La cumparsita*.

Sentí la firmeza de sus manos en mi cintura y la humedad de su cuerpo. La dulzura con que tarareaba en mi oído me embriagó como no lo había hecho ninguno de los daikiris que había tomado en el Caribe. Nuestros cuerpos se abrazaron sin tensiones y nuestras piernas estaban en contacto, pero sin impedirse el movimiento.

Nos sonreímos y como dos niños que estaban haciendo una travesura hermosa, comenzamos a bailar en medio de la calle. Su rostro era pura felicidad y me contagiaba su regocijo. Él sabía bailar tango mejor que yo y me guió por los ocho compases. Uno, dos, tres, cuatro, cinco y en el quinto, apoyando mi peso en el pie derecho, salí hacia atrás y seguimos, seis, siete y ocho. Nuestros cuerpos se entrelazaban, nos contactábamos y cada uno improvisaba de acuerdo al movimiento del otro: estábamos dialogando.

Así, unidos, nos desplazamos bajo las estrellas en un espacio mágico creado por ambos. Por momentos uno era el protector y el otro el protegido, a veces el guía y otras el guiado. Hubo momentos tiernos y otros de ferviente éxtasis que aportaron enigma a la danza.

Intentamos un par de firuletes y nuestras piernas se enredaron y nos reímos juntos de nuestra torpeza. Él continuaba tarareando de fondo, dándole el compás a nuestros movimientos. Cuando llegó el final soltó suavemente mi cuerpo, se alejó un paso de mí, se agachó y apoyando su rodilla derecha en el asfalto me regaló un gesto de reverencia. Lo percibí como una sincera muestra de gratitud por haber aceptado su juego. Me sentí feliz de que así hubiera sido y agradecí que esa noche mis críticos internos, no sé por qué extraña razón, no me detuvieran en el camino.

Allí tomé conciencia de que se había detenido el mundo; literalmente, esto es lo que había ocurrido. En este tiempo el semáforo se había puesto en verde y ninguno de los autos avanzó, y nadie tocó bocina. Los conductores y sus acompañantes habían sido silenciosos espectadores de este majestuoso instante. La estatua de ébano de la puerta miraba la escena, atónito, pero sin abandonar su postura firme y erguida.

No sabía cuánto tiempo había transcurrido, ni qué era de la vida de mis amigas y mucho menos había notado que nuestros cuerpos estaban empapados en sudor.

"Flow", así se llaman, supe muchos años después en mis clases de psicología positiva, estos momentos cumbres en que logramos que nuestra mente y nuestro cuerpo se difuminen para hacer que algo maravilloso suceda. Una sensación de descubrimiento y de sentimiento creativo que nos lleva a otra realidad. Un instante en que la conciencia de uno desaparece y el sentido del tiempo se distorsiona.

Olvidarnos temporalmente de quiénes somos puede ser algo fantástico. No preocuparnos por el qué dirán o si sabemos o no bailar bien, nos da la posibilidad de expandir el concepto de quiénes somos. Es un instante en el que no hay errores y solo se baila, tal cual lo describe el personaje de Al Pacino cuando la joven en *Perfume de mujer* le anuncia que no sabe bailar tango y que no quiere hacerlo por miedo a equivocarse; él le responde: "No hay errores en el tango, no es como en la vida. Es sencillo, por eso es tan hermoso. Si cometes un error, si te haces un lío, sigue bailando". Entonces ella acepta y él la toma de la mano, van hacia la pista y bailan dando lugar a una de las escenas más conmovedoras que el cine ha logrado. Cuando miro la escena de esa película mi cuerpo se inunda con las mismas sensaciones de aquella noche en el Caribe donde una mujer temerosa, que no sabía bailar tango, le dijo que sí a un hombre atrevido que la tomó de su mano para compartir un momento con ella. Al Pacino, en su personaje de coronel ciego, deja sellado muy bien esto en una frase. Cuando ella le dice que solo dispone de un momento, porque estaba esperando a su pareja, el coronel le responde: "Algunas personas viven toda una vida en un minuto".

Aquel apuesto alemán y yo nos entregamos a una experiencia que hicimos por el solo gusto de vivirla y no nos preocupó lo que íbamos a obtener de ella. La experiencia era intrínsecamente gratificante y la hicimos porque vivirla era su recompensa.

Y así ocurrió. Luego de su reverencia él se puso de pie y tomó nuevamente mi mano y volvimos a entrar al bar. Esta vez la estatua de ébano nos sonrió al pasar. Apenas entramos me miró a los ojos y me dio un beso, mitad en mi boca y mitad en mi mejilla. Mitad dulce, mitad ardiente. Nos perdimos cada uno por su lado en la muchedumbre y nunca más nos vimos.

Caminé por el lugar buscando a mis amigas con la sensación de que había entrado durante un rato a otra dimensión y que la puerta del bar fue el espejo de Alicia, que al atravesarlo me llevó a un mundo plagado de sinsentidos y absurdos atrapantes. Me alegré en ese instante de haberme atrevido a traspasar el espejo y descubrir de primera mano todo lo que allí podía ocurrir. Concluí que la estatua de ébano de la puerta de entrada fue uno de los personajes de esta historia, como lo fueron el conejo blanco o la reina de corazones para Alicia.

—¿Dónde estabas? —dijo Susana apenas la vi—. Creímos que te había pasado algo, pero luego imaginamos que volverías porque teníamos tu cartera.

—Fui a bailar tango —le respondí.

—¿Tango?

—Sí —le dije—, se puede vivir toda una vida en un minuto.

Hace unos meses comencé a tomar clases de teatro. El grupo ya estaba formado y Martín, Ailín y yo fuimos los últimos en sumarnos. Nos habíamos conocido un rato antes en el hall de la escuela y al entrar a la clase los tres nos miramos sorprendidos: nadie superaba los 30 años, el ochenta por ciento tenía entre 18 y 25 años. Martín me miró y me dijo sorprendido:

—¡Son demasiado jóvenes!

—¿Cuántos años tenés?—le pregunté.

—Treinta y nueve —me respondió.

—Si son jóvenes para vos, ¡imagínate para mí que tengo 59!

—¡No! ¡Creí que eras más joven! —exclamó sorprendido por mi edad.

Me pregunté ¿por qué no había adultos? Unas semanas después Gonza y Nacho, dos jóvenes de 18 y 20 años, me dieron una respuesta.

Me tocó armar una tarea de Impro con Gonza y cuando nos vimos me contó que luego de la primera clase él le comentó al profesor:

—Qué buena onda la mujer nueva. Cuando pusiste música ella bailaba y disfrutaba como si hubiera sido parte del grupo desde hacía tiempo. No parecía tener pensamientos de vergüenza y miedo. En cambio, a Martín y Ailín se los veía más inhibidos y temerosos.

—¡Es verdad! Desde el primer momento me sentí libre de vivir la experiencia a pleno —le respondí.

Me había sentido así: desinhibida y relajada, pero no pensé que este comportamiento llamaría la atención de Gonza. Al parecer él no esperaba esta actitud en alguien de mi edad.

Tan solo dos días después vino Nacho a mi casa a ensayar y al irse dijo dos cosas que llamaron mucho mi atención. Una:

—Mi papá y mi mamá son más jóvenes que vos y no me los imagino haciendo los ejercicios que hacemos en teatro. No lo harían por prejuicio o vergüenza.

Su comentario de algún modo confirmaba lo que Gonza también había notado, que estaba haciendo algo que otros adultos no se daban el permiso de hacer. Esta era en parte la respuesta ante la ausencia de adultos en la clase. Obviamente, no era un club de jubilados, quizá allí me podía encontrar con gente de la tercera edad usando su tiempo libre estudiando teatro, pero entre los 40 y los 70 muchas personas dejan de jugar, de divertirse como cuando eran niños o como lo harán cuando sean mayores, con la impunidad que le darán los años (aunque no a todos).

Nacho dijo algo más:

—Al entrar a tu departamento pensé que me encontraría con una casa "normal", una como la mía y no una casa así, con paredes escritas, pizarras, budas y esta energía.

Él también imaginó que a mi edad debía vivir en una casa "clásica", sin mucha magia.

Aprendo mucho de la frescura y apertura de mis compañeros de teatro, ellos saben jugar y se divierten sin los prejuicios de muchos adultos maduros y me hacen sentir a gusto e integrada al grupo. Matías, el profesor, es exigente, pero sabe también cuándo ser cálido en las devoluciones. Sus propuestas son muy desafiantes y provocadoras; definitivamente, muchas personas rígidas y conservadoras no lo resisten, no porque sean propuestas raras, sino porque exigen la ruptura de viejos paradigmas y el replanteamiento de nuestras maneras de pensar y actuar y, a pesar de que hacerlo lleve a una transformación positiva, pocas personas pagan el precio que exige "chapotear en el barro" de nosotros mismos para poder llegar al otro lado de la orilla.

Dejamos de hacer muchas cosas por miedo, vergüenza, preconceptos y mandatos; si nos libráramos de ellos, podríamos darle aún más vida a nuestra vida. Un poco de atrevimiento, de desparpajo y juego nos ayuda a descubrirnos más y aparecen talentos y deseos escondidos que merecen ser desarrollados y expandidos porque hacerlo puede aumentar nuestra felicidad. Movernos tan solo un poco de lo establecido logra una enorme diferencia en nuestra vida.

Como dice la frase de la pared escrita de mi estudio: ¿Te acordás que cuando eras pequeño querías ser grande para hacer lo que te diera la gana? ¿Qué tal vas con eso?

¡Llegó el momento de la acción!

¿Qué te gustaría hacer, algo que nunca has hecho o que hacías de pequeño y lo abandonaste?
Anota al menos seis cosas:

....

....

....

....

....

....

Distingue aquello que sea valioso para vos, que sientas que hacerlo te haría feliz. Algo que, al realizarlo, muy probablemente sentirás que vives "toda una vida en un minuto". Puede tratarse, por ejemplo, de andar a caballo, cocinar tortas, tirarte en paracaídas, aprender teatro o viajar a Japón.

Luego pasa cada punto de la lista por las siguientes preguntas:

¿Es caro o barato? ¿Es gratis?

¿Ya lo hice o es mi primera vez?

¿Sé hacerlo o debo aprender?

¿Lo quiero experimentar solo o acompañado?

¿Tengo gente cercana que ya lo hizo?

Ahora te toca expandir y hacer crecer. Elige una de estas actividades y vive la experiencia esta semana. Luego, puedes probar con otra actividad de tu lista o quizá prefieras profundizar en la que ya comenzaste o, quién te dice, puedes hacer ambas cosas. Esta lista es dinámica y siéntete libre de continuar agregando en ella todo aquello que consideres que te hará vibrar.

❖ **Recuerda: explorar, descubrir, valorar y expandir.**
¡Hazlo crecer!

Preguntas reflexivas

➤ ¿Qué aprendizajes y descubrimientos encuentras en esta experiencia?

➤ ¿Qué beneficios te deja esta práctica? ¿Cuáles a quienes te rodean?

➤ ¿Qué emociones y sentimientos reconoces en ti en este momento?

➤ ¿Sientes que esta práctica te ayuda a crecer? Si es así, ¿en qué y para qué te es útil este crecimiento?

➤ ¿Percibes algún cambio en tus ideas anteriores luego de hacer este ejercicio? De ser así, ¿cuáles?

Capítulo 6

Un chico diferente

Un día, en la oficina, la contadora de la empresa de packaging, Mora, me dijo:

—Están necesitando un operario en la planta. —Y agregó: —Conozco a un chico empleado en una panadería, trabaja como doce horas al día, ¡lo están explotando!

La miré atenta, en silencio. Ella continuó:

—Yo le diría que venga a presentarse, pero el tema es su cara. Tiene una boca con dientes muy grandes y acá en la fábrica seguro le van a hacer bullying.

Yo continué prestando atención a su relato sin decir una palabra.

—Además, el operario que necesitan acá, en principio, es por tres meses. ¿Y si después no queda? Él no puede quedarse sin trabajo.

Rompí el silencio y le pregunté:

—Lo querés mucho, ¿verdad?

—Sí —me respondió, dejando translucir cierta emoción en su tono voz—. Es re bueno y muy responsable.

—Lo querés tanto que lo cuidás y no lo dejas crecer. Si no arriesga, nunca saldrá de la panadería —le dije. Mora me miró atenta y continué:

—En otros entornos también puede sufrir bullying, incluso hoy seguramente lo sufre de algún modo en la panadería. Creo que deberías confiar en él y en que tendrá o aprenderá las habilidades para saber transitar lo que se presente —le dije con seguridad, y agregué—:Tal vez esta sea una gran oportunidad para que tu amigo abandone un espacio de trabajo extorsivo. Moverlo de su comodidad actual puede ser muy bueno para su crecimiento y quién te dice no sean solo tres meses y exista la posibilidad de quedar efectivo. Si eso no ocurre al menos habrá cobrado experiencia y coraje para su próximo desafío.

Mora me escuchaba atentamente, solo asintiendo con su cabeza.

—Creo que deberías tratarlo como un genio y no como alguien débil que necesita cuidado. No estás descuidándolo al sacarlo de su espacio de confort, estás alimentando su autoestima y eso es una forma de cuidarlo, porque además conocés la empresa y sabés que aquí la gente es buena y no permitiría que alguien sea maltratado.

Mora me miró y acotó:

—Tenés razón, no me había dado cuenta. ¡Gracias por hacerme ver lo que no estaba viendo!

Al rato la escucho diciéndole por teléfono a su novio:

—Pensé en Juan y Pedro para ofrecerles que se postulen en la vacante de la fábrica, ¿qué te parece si les digo?

—Me parece muy bien —dijo su novio. (Yo no escuché la respuesta).

—Y también pensé en Ale, el chico que trabaja en la panadería.

Su novio responde dudoso:

—¿Te parece?

—¡Sí, me parece! —respondió ella con vehemencia.

Mora no lo sabía, pero su exceso de cuidado le estaba cortando las alas a Ale. *Tengamos cuidado con el cuidado, a veces descuida más de lo que cuida.*

En los años 90 apareció la escultura *La lucha (The struggle)* del artista Stanisław Szukalski, una obra que había desaparecido durante la Segunda Guerra Mundial.

El escultor y pintor polaco, nacido en la ciudad de Warta en 1893, falleció en 1987 sin conocer la suerte de su escultura. Por cuestiones ideológicas la mayoría de la obra de este artista fue destruida o desaparecida. Me pregunto: ¿puede un hombre recuperarse de la destrucción y desaparición de la obra de toda su vida? ¿Es posible separar al artista de sus ideas? ¿Podemos apreciar una parte de la persona y despreciar o ignorar la otra? ¿Cómo no contaminar el valor de una obra de arte con nuestra apreciación sobre el autor? Del mismo modo que subvaluamos una obra es posible sobrevalorar la de aquellos artistas que concuerdan con nuestros modelos mentales.

La obra *La lucha* es una mano cuyos dedos son cabezas de águila. Cuatro de ellas atacan el pulgar, lo que simboliza el enfrentamiento entre la calidad y la cantidad, el poder que la mayoría ejerce contra el diferente, contra el verdadero artista, contra el inconformista, contra el que se anima a soñar para crear y los enfrenta con coraje e hidalguía. "Sin los pulgares, no haríamos herramientas y sin herramientas, no haríamos civilizaciones" (dice Szukalski en un documental de Netflix). Y agrega: "Solemos despreciar a la gente que no conocemos, cuando los conocemos nos agradan, quizá incluso los amamos".

Cuando vi el documental llamó mucho mi atención la calidad y los detalles de las esculturas y pinturas de Szukalski, además del significado metafórico intrínseco en cada una de ellas. Por ejemplo, en *La lucha* se puede ver claramente representado el poder de las mayorías y el peso de los entornos sobre los diferentes, los desvalidos o sobre aquellos en inferioridad de condiciones. Crecer y desarrollarse suele ser muy complejo para algunas ideas disruptivas y divergentes. Enfrentarse a los entornos, como lo hace el pequeño pulgar ante las águilas, puede ser muy duro. Y aunque algunas personas los enfrentan con arrojo y valentía, no obstante, sufren por dentro los avatares de ese enfrentamiento y les quita energía para lograr su verdadero objetivo: crear.

Podríamos contar infinidad de historias que muestran esta realidad vivida por el diferente, el que quizá nació antes del momento oportuno de la historia, para lo cual hizo falta que los entornos se transformaran y así dar cabida a sus ideas y obras. En vida algunos fueron ilustres desconocidos; otros, víctimas de acosos y burlas, cuando no de agresiones e, incluso, la muerte.

Solemos tener dos tipos de actitudes ante el distinto: cuando se trata de una persona cercana a la que queremos, tendemos a cuidarla en exceso y no la tratamos como a un genio, y cuando el planteo que nos resulta muy distinto viene de un desconocido puede manar de nosotros el desprecio y la indiferencia. Solemos no escuchar a estas personas o las tratamos como a chifladas o excéntricas.

Comúnmente es difícil para el transgresor encontrar su lugar en el mundo. Lo único que puede salvar que sus ideas y obras no se pierdan en la angustia y rencores que les provoca el entorno es una sólida autoestima, es decir, una sólida valoración de quiénes son y lo importante de sus ideas.

Desde la Apreciatividad, lo diferente puede ser un gran tesoro.

Se dice que los verdaderos amigos celebran nuestras virtudes, pero como nos quieren demasiado, a veces pecan de exceso de cuidado; y son los mentores quienes corrigen nuestros defectos, porque todo buen mentor también nos quiere demasiado; por eso nos provoca y desafía para desinstalarnos de nuestra opacidad.

Pero hay mentores y mentores, maestros y maestros y todos sabemos que hay modos y técnicas más efectivas a la hora de aprender. Algunos mentores y maestros socavan la autoestima de sus alumnos con técnicas focalizadas exclusivamente en reparar sus errores y en querer hacer crecer su lado menos brillante, descuidando y relegando el desarrollo de sus verdaderos talentos y fortalezas. ¡Ojo! Porque lo que parecería ser un crecimiento puede tratarse solamente de un control de daños y no de verdadera evolución y desarrollo.

Hace poco una amiga que tiene un nieto con dislexia me dijo: "Sus padres están muy preocupados y angustiados con esto, lo cuidan en exceso. Su mamá, o sea mi nuera, tiene la misma patología y según ella sufrió mucho de chica en la escuela y no tuvo amigos hasta la Facultad. Siempre se sintió dejada de lado. Creo que ella no quiere que su hijo pase por lo mismo. Cada cosa que mi nieto no puede hacer, como andar en bicicleta o coordinar bien sus pasos al subir una escalera, sus padres le explican: 'No te preocupes, no es nada, eso te pasa por tu dislexia'. Y cuando mi nieto está con sus primos y algún juego no le sale entonces es él quien explica su problemática con lujo de detalles científicos que los niños de su edad no comprenden. Sin embargo, el chico tiene capacidades de las que los demás carecen, por ejemplo: su memoria y su afectividad, aunque esta última alternativa no siempre es bien recibida. Él abraza muy afectuosamente a sus compañeros del jardín, algo raro para ellos, por lo que no saben cómo responder a ese atípico acercamiento. Su padre, que teme que su hijo no sea integrado, intenta por todos los medios que se amolde a la norma y le dice: 'Hay otros saludos más cancheros para hacer entre varones', y le enseña maneras más 'normalizadas' de saludar".

La escuché con atención y era evidente que el tema la angustiaba. Ella creía que parte del problema estaba en la entidad que los padres le daban a la dislexia y ello entorpecía el desarrollo y la felicidad de su nieto.

Entonces la miré y le dije:

—¿Qué ocurre si cuando él dice "abuela, esto me pasa porque soy disléxico" vos lo mirás y le decís: "Es cierto, pero además de dislexia… ¿qué más tenés vos? Por ejemplo, yo sé que tenés buena memoria". Probá a ver qué te responde, ayudalo a ampliar la mirada de sí mismo, a encontrar su lado más brillante sin negar su realidad ni permitiendo que esa realidad entorpezca el desarrollo de sus talentos y fortalezas.

Somos seres imperfectos o, como me gusta decir, "perfectamente imperfectos"; pero cuando las diferencias, comportamientos e ideas están muy alejadas de las normas o son demasiado revolucionarias para las usanzas del entorno o del momento histórico en el que ocurren, es muy probable que suframos algún desprecio e indiferencia. Hay personas que, a pesar de los obstáculos y el desánimo del mundo a su alrededor, logran igualmente manifestar su arte y sus ideas; otros, lamentablemente, caen ante las garras de las águilas que socavan su vuelo y se llevarán a la tumba todo su potencial.

Nathan Myhrvold dice: "Siempre es más fácil ser crítico que ser creador".

Cuando recorremos la obra de Vincent van Gogh cuesta creer que haya vendido tan solo un cuadro a lo largo de toda su vida; y es que su prolífica, poderosa y emocional obra no fue valorada y reconocida, ni siquiera por los expertos en arte, hasta años después de su muerte. He aquí un punto importante; muchas veces los académicos y los expertos son los peores detractores de lo bueno. Les cuesta mucho dejar entrar nuevas formas y miradas y defienden a rajatabla lo establecido y una manera de hacerlo es criticando fuertemente lo revolucionario. Esto pasa en la pintura, en la música, en las letras y excede a las artes porque pasa también en otros dominios de la vida. Lo original asusta a muchos y cautiva a los rebeldes.

"No ganas premios haciendo lo que te digan que hagas, los ganas cuestionando a la autoridad y pensando por ti mismo", dice la reconocida arquitecta Neri Oxman en la serie *Abstract, The art of design*, y agrega: "Al crear siempre debes sentirte un poco incómoda, me dijo mi padre un día. Y si te sientes incómoda y sola, sabes que estás haciendo algo bien. Se necesita mucha seguridad para ir contra la corriente". Y sentencia: "La seguridad en mí misma me dio la capacidad de volar".

He aquí, una vez más, el poder del aprecio y la valoración. No hay obra en el mundo que no sea producto de la *Apreciatividad*, ya sea que se trate de la *Apreciatividad* que el autor siente hacia sí mismo y la que le permite sortear muchas de las adversidades del camino, como de la *Apreciatividad* que otros ponen en el diferente, en el distinto, para que sus talentos y potencial encuentren terreno fértil donde crecer y desarrollarse.

Parte de nuestra felicidad está en encontrar nuestro potencial y en expandirlo a lo largo de la vida, y la peor infelicidad está en identificarlo y encapsularlo bajo un manto de miedos.

Nuestros niveles de *Apreciatividad* tienen injerencia en lo que obtenemos o no a lo largo de nuestra vida, solo que como no los vemos y no somos conscientes de ellos y desconocemos su funcionamiento, no les atribuimos el mérito de muchos de nuestros logros. Y lo que es peor, tampoco los responsabilizamos de nuestras infelicidades y frustraciones y, al no ver esto, no intervenimos en cambios de creencias y hábitos que nos lleven a niveles más altos de *Apreciatividad* para alcanzar una vida más plena.

¡Llegó el momento de la acción!

El admirador secreto

La propuesta para este ejercicio es que elijas, entre tus relaciones cercanas, a una persona a la que "secretamente" observarás con ojos atentos y curiosos, focalizándote en sus aspectos más brillantes. Vas a detenerte en sus cualidades más preciadas, los talentos y fortalezas que la distinguen. Concéntrate también en observar y resaltar otros aspectos, entre ellos, el modo en que se arregla, su manera de caminar y si su sonrisa es amplia y generosa.

No se trata de sentarse a escribir una carta de corrido. La idea es que vayas haciendo tus observaciones mientras compartes e interactúas con la persona. Es importante que sean sinceras y tan amplias y variadas como te sea posible. Sé sinceramente positivo.

Para no olvidar lo que vas descubriendo en la persona te sugiero anotarlo en una hoja o en tu celular. Anota lo que valoras y en qué comportamientos lo has visto reflejado (por ejemplo, su capacidad para motivar, que observaste en la reunión de equipo).

Una vez que tengas listas tus observaciones transcríbelas prolijamente en una hoja y ahora, que ya has vivido esta experiencia de descubrimiento, llegó el momento de expandir y hacer crecer tus hallazgos.

Busca una ocasión para juntarte con la persona y cuéntale que estás ejercitando tus habilidades apreciativas y que la elegiste para hacer tu práctica.

Le dirás que la observaste durante varios días y que le vas a leer textualmente lo que has escrito y descubierto. Al finalizar la lectura le entregarás tu lista y le preguntarás cómo se siente.

Una recomendación: luego de leer la carta probablemente te sientas tentado a llenar el espacio con explicaciones y justificaciones. Estate atento a esto porque demasiada explicación suele nublar la *Apreciatividad*.

Es importante, además, que tomes conciencia de qué sentimientos, aprendizajes y descubrimientos te despierta esta experiencia.

Probablemente, este ejercicio sea un reto para tu manera convencional de actuar y te resulte muy desafiante, así que requerirá de tu voluntad y esfuerzo. ¡Inténtalo! Hacerlo tiene enormes beneficios para tu vida personal y laboral y la de quienes te rodean.

Como suelo decir: ¡no me creas nada de lo que digo, mejor hazlo tú mismo!

> ❖ **Recuerda: explorar, descubrir, valorar y expandir. ¡Hazlo crecer!**

Preguntas reflexivas

- ➤ ¿Qué aprendizajes y descubrimientos encuentras en esta experiencia?
- ➤ ¿Qué beneficios te deja esta práctica? ¿Cuáles a quienes te rodean?
- ➤ ¿Qué emociones y sentimientos reconoces en ti en este momento?
- ➤ ¿Sientes que esta práctica te ayuda a crecer? Si es así, ¿en qué y para qué te es útil este crecimiento?
- ➤ ¿Percibes algún cambio en tus ideas anteriores luego de hacer este ejercicio? De ser así, ¿cuáles?

CAPÍTULO 7

Y un día me convertí en escritora

—¡Hola, Laura, buen día! Espero que estés muy bien. No sé si me recuerdas del ICP.

—¡Hola, Osvaldo! ¿Cómo estás? ¡Sí, claro que te recuerdo! —respondí en mi Instagram.

—Si algún día de la semana tienes unos minutos para regalarme me gustaría hacerte una consulta acerca de tu experiencia en la publicación de un libro.

Al otro día, en la tarde, Osvaldo me llamó.

Nos habíamos conocido en el Instituto de Capacitación Profesional, cuando él estaba estudiando Coaching y yo era profesora del TAO –así se llamaba el taller de articulación ontológica–. Para decirlo fácil: el espacio de práctica de la carrera.

Habían pasado quince años desde aquellas clases y si bien nunca habíamos vuelto a vernos ni a hablar, nos manteníamos presentes en las redes y nos unían algunas personas en común relacionadas con el mundo del coaching.

Me contó que tenía interés en escribir un libro en coautoría con otra persona. Desde hacía tiempo estaban trabajando en una temática y tenían mucho material grabado de sus prácticas y sesiones. Ellos querían que ese material pudiera divulgarse y trascender a otros para, desde sus experiencias, ayudarlos a mejorar sus prácticas.

Creyó que conversar con personas que han tenido la experiencia de escribir y publicar sus libros le sería inspirador y útil, por eso me contactó.

Compartí con él mi experiencia con entusiasmo, recordarla siempre me resulta gratificante y me despierta sentimientos de orgullo por el logro obtenido. (Sí, ¡¡¡me siento orgullosa de mí!!! Y quiero gritarlo cada vez que lo siento porque a lo largo de mi vida muchas veces me guardé este sentimiento por miedo a sonar presumida. Una idea errónea que me impidió disfrutar de esta maravillosa sensación que da el orgullo saludable que tanto bien le hace a mi autoestima.)

Cuando rememoro esta historia puedo ver cada paso que di, como los que elegí no dar y ver el modo en que cada uno de ellos delineó mi rumbo. Sin embargo, en el momento de tomar estas decisiones abundó más en mí la incertidumbre y el desconcierto que la certeza y la claridad. Por suerte, mi atrevimiento y perseverancia para ir hacia lo que quería pusieron en movimiento mi espíritu aventurero que cuestionó poco y avanzó mucho. A veces lo hacía lenta y reflexivamente; otras, más veloz y atolondrada. Pero como le dije a Osvaldo, mientras conversábamos aquella tarde, el ritmo no es lo importante; lo que puso mi libro en el escaparate de muchas reconocidas librerías del mundo fue volver a empezar una y otra vez, a pesar de las hojas en blanco, el miedo a las críticas, el exceso de trabajo y la falta de supuestas buenas ideas. Hubo muchas oportunidades en las que estuve a punto de renunciar; de hecho, literalmente lo hice durante ciertos períodos. A veces me inventaba excusas muy convincentes, pero por fortuna mi atrevimiento y perseverancia volvían a tomar el mando, volvía a mis escritos y buscaba ayuda e inspiración; así fui andando, algo a los tumbos, medio sabiendo el rumbo, a veces adivinando, hasta que una tarde, caminando por la avenida Santa Fe, me encontré de lleno con mi libro en la vidriera de El Ateneo, una de las más importantes librerías de Buenos Aires –elegida por el periódico *The Guardian* como la segunda librería más hermosa del mundo– y lloré.

¿Qué se le dice a alguien que te pide consejo para escribir un libro?

Con un libro sucede algo similar a lo que ocurre con otras creaciones –una comida, una empresa o un jardín–; solemos ver el resultado pero no el proceso que le dio origen, y tendemos a explicar su origen de dos maneras: o creemos que se trata de la obra de una persona de suerte a quien la buena fortuna y ciertas ayudas externas han favorecido para alcanzar su logro, o pensamos que se trata de un genio con habilidades extraordinarias (de las que obviamente creemos que nosotros carecemos) y que, dadas sus dotes especiales, le fue posible obtener el resultado, llámese un libro, un nuevo producto o una nueva empresa.

Con estas creencias rectoras, giramos a mirarnos a nosotros mismos y lo que sucede es que no nos vemos muy suertudos y mucho menos genios dotados de talentos especiales; así que, frente a esta "realidad", descartamos de un plumazo la posibilidad de alcanzar algunas aspiraciones y sueños, como, por ejemplo, escribir un libro.

La idea de Osvaldo de conocer el proceso que vivieron otros escritores es muy buena porque, al conocer de boca del autor el camino que dio lugar a su obra, muy probablemente las falsas construcciones de suerte y genialidad serán echadas por tierra y abrirán un mundo más realista que ayudará a potenciales creadores a salir de la falacia del "afortunado y talentudo" para encontrar así nuevos caminos de acción, posibles de llevar adelante por la mayoría de los mortales.

Si bien la cuota de suerte y genialidad están presentes en muchas de las obras publicadas, como lo están también en la vida, reducir el logro de una obra a estas dos miradas no es saludable, menos para un principiante.

Ya conté en mi primer libro cómo Alberto, mi coach literario, me ayudó y acompañó en el proceso de construir mi obra, pero no mencioné ni relaté mi camino como escritora y creo que no está bueno que me lo guarde. Hoy Osvaldo me hizo notar que, así como yo me había nutrido de la experiencia de otros autores, y esto fue de mucha utilidad para mi propio proceso, otras personas podían también nutrirse de mi vivencia.

A pesar de que nunca se me había ocurrido llamar a un autor, la idea de aprender de ellos sí estuvo en mi mente. Durante el trayecto hasta convertirme en escritora compré y leí los libros que grandes escritores han publicado contando sus propios procesos. Leí *Mientras escribo*, de Stephen King; *De qué hablo cuando hablo de escribir*, de Haruki Murakami; *El viaje del escritor*, de Christopher Vogler y releí *El camino del artista* de Julia Cameron y su segunda parte, *El camino del artista en acción*.

Los relatos de estos novelistas y ensayistas me resultaron de mucha utilidad, desmitificaron el mundo literario, me hicieron poner el culo en la silla y dejar de lado ideas que paralizaban mis habilidades de escritora.

La idea que más entumecía mis manos y me impidió durante muchos años sentarme a escribir, casi como si me hubiera asaltado una repentina artritis, fue la de creer que para publicar un libro había que tener una carrera de Letras o una carrera universitaria sobre el tema a tratar. Dos fuentes de las que yo carecía.

De algún modo mi explicación de cómo llegaban los libros al escaparate de una librería se dividía entre los libros que llegan por oportunos, ya que tratan temas que son de moda (comida vegana, la felicidad, la diversidad) y los otros, que llegaban porque sus autores eran talentosos en la literatura.

También estaban los que me parecían demasiado malos, libros escritos por autores que catalogo de impresentables, entre los que, obviamente, yo no deseaba estar. Aunque sigo creyendo que hay libros malos, creo que soy algo injusta al etiquetar a sus autores de impresentables, porque en todo libro siempre hay una cualidad que rescatar. Mucho del atrevimiento, liviandad y confianza en sí mismos de los "impresentables" es lo que me faltó durante mucho tiempo para transformarme en escritora, y quizá aún me falten para seguir creciendo en el mundo de las letras. Por el temor a la crítica, por la falta de confianza en sus capacidades o por los elevados estándares sobre lo que representa escribir, muchos autores nunca escriben y se privan a sí mismos de esa maravillosa experiencia, y en otros casos escriben y lo guardan en un cajón y dejan al mundo sin disfrutar de su arte.

Vayamos ahora a la cronología de los hechos.

Llevaba años dando talleres y conferencias sobre

Apreciatividad y tímidamente había comenzado a escribir algunos artículos, manuales para los talleres, e incluso había escrito un par de cuentos en mis clases de creatividad.

A medida que la *Apreciatividad* evolucionaba y crecía, las personas me pedían que les recomendara bibliografía. Como no había libros sobre este tema, yo recomendaba los textos de los autores y temas que habían influenciado en mí y en la creación de este constructo.

Comencé a fantasear con la idea de un libro; ya tenía bastante recorrido hecho y había acumulado suficiente material experiencial y académico como para tener una obra. Al mismo tiempo que este deseo cobraba fuerza en mis imágenes evocadoras de futuros, mis manos estaban entumecidas y no escribían ni una línea. Un fantasma comenzó a acosarme: la idea de que alguien escribiera el libro. Ya había sembrado mis ideas y mi modelo ACOM en clases, talleres y empresas y había muchas personas, entre ellos grandes profesionales, que podían escribir muy bien sobre estas ideas y también cabía la posibilidad de que algún "impresentable" lo escribiera e hiciera llegar información errónea o mediocre sobre la verdadera esencia de la *Apreciatividad.*

La imagen de entrar en una librería y encontrarme con un libro conteniendo el concepto de *Apreciatividad* y mi modelo ACOM, en lugar de hacerme sentir orgullosa, me provocaba terror. En especial porque sospechaba que el autor no mencionaría mi nombre. Ya había vivido situaciones en que las personas usaban algunos de mis conceptos y definiciones sin mencionar la fuente y sufría por ello hasta que me di cuenta de que, en parte, era mi culpa. Como no solía contar el origen de la *Apreciatividad,* muchas personas creían que yo estaba contando las ideas de otros. Lo cual es cierto, todos lo hacemos. No creé *Apreciatividad* de la nada.

Agustín Fernández Mayo, escritor, habla del "apropiacionismo":

"Una cosa es que todos plagiemos sin darnos cuenta, pero eso es un plagio involuntario, porque el aprendizaje es copiar a los demás. El plagio es algo muy determinado: te apropias de algo, lo quieres hacer pasar por tuyo sin decir la fuente, lo ocultas y, además, tienes el afán de ganar dinero. El apropiacionismo nunca es un plagio, porque declaras las fuentes. Tomas de un libro porque piensas que lo puedes desarrollar de otra forma, darle una vuelta, otra interpretación. Esa es la base de la transmisión cultural. Yo practiqué y practico el *apropiacionismo*".

Para crear el modelo ACOM, un programa de entrenamiento en habilidades apreciativas, un test y un libro sobre el tema, me nutrí de las enseñanzas de los Diálogos Apreciativos, la Inteligencia Apreciativa, el Coaching Apreciativo, la Psicología Positiva y todas sus teorías sobre el flow, el optimismo y la gratitud, entre otras; también me apropié de los saberes de muchos expertos en Felicidad Organizacional, Construccionismo Social, Mindfulness y la buena suerte.

No existía un programa de entrenamiento en habilidades apreciativas; no había un programa específico para desarrollar la capacidad de apreciar y valorar lo mejor de nosotros, los otros y el mundo a nuestro alrededor, y desarrollar, además, nuestras capacidades de acción para construir y manifestar en cada uno de estos dominios de nuestra vida nuevas y mejores realidades…; de esto no había.

Gracias al "apropiacionismo", *Apreciatividad* y ACOM hoy son una realidad.

Al principio, cuando encontraba publicaciones sobre *Apreciatividad* que mencionaban textualmente lo que yo compartía en mis talleres me enojaba mucho.

Con el tiempo comprendí que la mayoría de las veces se trataba de un plagio involuntario provocado, como ya mencioné, por mí misma; hablaba sobre *Apreciatividad* con mucho entusiasmo y convicción y solo en algunas ocasiones contaba muy tímidamente sus orígenes y el proceso de creación.

Poco a poco dejé de enojarme y cuando alguien no mencionaba la fuente y creía que, dado el contexto de la publicación, era apropiado hacerlo, se lo hacía saber y, salvo dos casos muy desagradables en los que mi abogada debió intervenir (Kevin Ross decía: "Copiar una frase es compartir; no dar el crédito es robar"), todos los demás casos se disculparon y accedieron a modificar sus publicaciones porque, efectivamente, no era plagio, sino un error involuntario.

Comparto con Agustín Fernández Mayo que la apropiación es la base del acto creativo; necesitamos de las ideas de otros para la creación de una obra original.

En palabras de Mayo: "Diría más: es imposible hacer una obra original sin que tenga algo apropiado de otros. Nadie crea desde la nada. Solo Dios, en caso de existir".

Así como hay especies que desaparecieron y otras que aún estamos sobre la faz de la Tierra, también hay libros que se diluyeron a lo largo del tiempo y otros que trascendieron con fuerza a sus autores, como *El Quijote* de Cervantes; *Ulises* de Joyce *o El Castillo* de Kafka, y que dieron lugar a nuevas y originales producciones. Sin ese alimento, sin su néctar, muchas obras de hoy no serían lo que son.

Cuando alguien se apropia de tu obra y la reconvierte para crear con ella algo nuevo y original, eso no enoja, más bien enorgullece y uno siente que ha dejado huella y trascendido en la vida de otros. ¿Cuál es si no el objetivo de la vida, además de ser felices? Dejar huella positiva y trascender más allá de nuestra propia existencia. Un libro es un medio de transmisión cultural que deja huellas en la cultura y puede pasar de generación en generación. Si eso ocurre con una obra, entonces encontraremos más creaciones originales influenciadas por sus ideas, producto del apropiacionismo.

Cuando un libro es un *longseller*, aquel que mantiene un volumen de ventas durante el tiempo como lo son, por ejemplo, *El principito* o *Alicia en el país de las maravillas*, logra un mayor número de apropiaciones visibles en la obra de subsiguientes generaciones.

En cambio, con un *bestseller*, aquella obra que supera un determinado número de ejemplares vendidos mientras es una novedad, pero que no continúa como longseller, como es el caso de *No digas que fue un sueño*, de Terenci Moix (1986), que fue la obra más exitosa de la década de los ochenta al vender un millón y medio de ejemplares, solo encontramos huellas en la generación en la que fue éxito de ventas, pero hubo solo perdidos destellos en generaciones posteriores.

Si me preguntan a mí qué prefiero, obviamente elijo alcanzar el sueño de cualquier escritor: un *bestseller* que se convierta en *longseller*.

Cuando el gerente de Granica, mi editorial, me dijo que creía que mi obra podía ser un longseller y que por ese motivo apostaban a ella, fue la primera vez que escuché esa palabra y su significado. Él no creía que el libro explotaría de ventas en una semana, pero tampoco desaparecería en un año; su crecimiento sería pausado, sostenido y eso es exactamente lo que ha estado ocurriendo en estos cuatro años desde su publicación.

Me distraje de la historia, volvamos…

Resulta que la idea de encontrarme con un libro sobre *Apreciatividad* y mi modelo ACOM me perturbaba; en verdad, lo que provocaba esa perturbación eran las conversaciones conmigo misma que por momentos se volvieron extremadamente castigadoras. "En tus cursos hay profesionales brillantes y la *Apreciatividad* es atractiva, pronto escribirán sobre ella. ¡Tienes que hacer algo pronto o te vas a arrepentir!". Todo el tiempo mis diálogos interiores me hablaban de un futuro oscuro, que junto a las creencias de mi escasez de suerte y genialidad para escribir terminaron por formar el combo que, como dije antes, entumeció mis manos.

Lo único que me quedaba era conseguir un escritor fantasma. Si yo no era escritora, no había estudiado Letras, tampoco tenía un título universitario y lo de la suerte no se me venía tan bien, entonces, si quería ver mi libro publicado, debía acudir a alguien que lo hiciera por mí.

Para quien no lo sabe, un escritor fantasma es aquel que escribe para otros, ya sea, como en mi caso, por no atreverme a hacerlo o, en otros casos, por falta de tiempo o falta de interés en transitar el proceso de escribir. Se lo llama fantasma porque él escribe la obra, pero la firma su cliente.

Su labor es importante porque de otro modo muchas ideas e historias no serían publicadas. Un día escuché a un reconocido jugador de fútbol argentino decir que él había escrito un libro que nunca leyó. Imaginen, si no lo había leído ¡menos lo pudo escribir! De no ser por el escritor fantasma muchas de sus experiencias se hubieran quedado en la mesa familiar y en las charlas con sus amigos, en lugar de inspirar a otros deportistas.

Un día, poco tiempo después de barajar la opción del escritor fantasma, me encontré relatando la temática de mi libro en la casa de Marta, mientras un pequeño grabador almacenaba cada palabra, cada silencio. El lugar tenía una energía extraña, el living estaba atiborrado de libros y adornos, y la pesada tela de la cortina apenas dejaba pasar la luz. Por momentos lo sentí lúgubre y soporífero y en otros me sentí como en una película misteriosa.

Ella, la escritora fantasma, era una mujer cercana a los sesenta años, delgada, con cabello largo y entrecano; la primera vez que la vi vestía una falda larga estampada con una remera de algodón y unas ojotas de cuero y algunos collares. Podía perfectamente interpretar el personaje principal de una película del movimiento hippie de los años 60.

Visité su casa en tres oportunidades, hasta que me envió unas diez páginas. Cuando las leí, noté que la teoría estaba muy bien, pero el estilo con el que estaba escrito no era el mío. Era bueno, pero era muy diferente a mi modo de expresarme. Utilizaba palabras y modos literarios que yo no usaba. Sentí que no podía firmar una obra que era tan obvio que yo no había escrito.

Fue entonces cuando decidí buscar a otra persona. Pero volvió a ocurrir lo mismo; lo que recibía era bueno, pero no me sentía reflejada en ello. Decidí que necesitaba algo muy distinto, así que busqué en otro país y a un varón.

En Internet hay muchos sitios que ofrecen los servicios de escritores fantasmas; no recuerdo qué fue lo que me atrajo del sitio de Alberto, pero el 5 de junio de 2014 lo contacté (lo sé con exactitud porque conservo los emails).

Fui muy sincera con él y le dije que había tenido otras experiencias que no colmaron mis expectativas. No porque fueran malas sino porque yo buscaba algo auténticamente mío.

—¿Tú escribes? —me preguntó Alberto.

—Sí —le respondí—, escribo algunas cosas, tengo algunos artículos y muchos borradores en mi computadora con ideas e historias.

—Hagamos algo —me dijo—, envíame el texto de tus escritores fantasmas y algo escrito por ti. Los leeré y te responderé.

Me sorprendió su pedido, pero se lo envié al día siguiente. Alberto parecía de pocas palabras, vivía en Barcelona y su acento era música para mis oídos porque toda mi familia paterna es catalana. Ahora que lo pienso, tal vez su sitio web decía Barcelona y eso fue lo que decidió mi elección, no lo sé.

Diez días después recibí el email que cambió mi rumbo dando inicio a mi vida de escritora. Es curioso mirar atrás y constatar la presencia de esos momentos en que la vida nos presentó oportunidades y estuvimos allí atentos para tomarlas. Esto refleja el espíritu de la *Apreciatividad,* esa capacidad de percibir lo preciado y valioso del momento presente y atreverse a tomar las acciones que lo harán manifestarse y expandirse. Ver, imaginar, hacer.

Alberto leyó el material que le envié y, para mi sorpresa, me dijo que yo tenía potencial para escribir mi propio libro; que él me ofrecía sus servicios de coach literario para guiarme, enseñarme lo que necesite y hacer las veces de editor, revisando los textos, pero que de ningún modo sería mi escritor fantasma. Me dijo:

—Tú puedes escribir tu libro.

Era la primera vez que alguien veía en mí a una potencial escritora. Alberto no me preguntó si tenía título universitario, si había estudiado Letras o cuántos libros había leído en mi vida. Él leyó mi trabajo y distinguió un potencial que yo nunca había visto. ¡Ni nadie! ¡Pero cómo carajo alguien iba a verlo si nunca mostraba lo que escribía!

No siempre es fácil de distinguir el potencial, propio o ajeno, ya que es algo que aún no es, que no existe, aunque muestre indicios entretejidos en la realidad presente. Aún no es, pero tiene la posibilidad de ser, de manifestarse o de existir en un futuro.

Uno de los beneficios de entrenar nuestras habilidades apreciativas es que nos da una mayor sensibilidad para percibir estas señales, algo así como encontrar y sacar de las minas diamantes en bruto que, con trabajo y dedicación, terminarán en las mejores joyerías del mundo.

Alberto, sin saberlo, ejerció conmigo la *Apreciatividad* con otros. Sacó mis escritos de la oscuridad, confió en mis capacidades y con trabajo sostenido y dedicación me ayudó a pulir mis dotes de escritora. Él supo ver lo que me faltaba y confió en que yo podía aprender esas competencias o delegarlas en otros, pero el foco de su atención y acompañamiento no pasó por allí, lo puso en expandir lo mejor de mí; un estilo propio y una manera coloquial, simple y amena de escribir que podía ser muy atractiva para el lector. Le estaré eternamente agradecida.

No me considero hoy una gran escritora, pero sé que tengo muchas cualidades que me hacen original.

Esto, que en psicología se conoce como efecto Pigmalión y es la esencia de la *Apreciatividad* con otros, ha cambiado la vida de muchos de nosotros. Lo maravilloso es que esta capacidad de ver el lado brillante de quienes nos rodean, y acompañarlos creando los mejores contextos para que puedan expandir ese potencial, se puede entrenar. No solo se puede, debemos hacerlo, porque cuando solo miramos el potencial de otros en circunstancias especiales, y no lo hacemos en la simpleza cotidiana, dilapidamos mucha de la fuerza y el poder de crear que tienen los seres humanos. Debemos hacerlo deliberadamente en nuestro día a día, con las personas que tenemos habitualmente a nuestro alrededor y con aquellas que tal vez la vida solo nos cruza por un momento; con todas ellas es posible ejercitar la *Apreciatividad* con otros.

Como es un libro de historias les contaré algunas; al fin y al cabo, de esto se trata este libro, de historias reales que muestren la *Apreciatividad* en acción.

Iba a encontrarme a tomar un café con unas amigas; ese día mi ánimo no rebosaba de alegría y había más nubarrones en mi mente que rayos de sol, así que decidí ponerme un vestido rojo que hacía tiempo no usaba, me maquillé y también sumé al atuendo un par de pulseras y unos bonitos zapatos de taco. Tuve que hacer un esfuerzo porque mi ánimo era más gris que rojo, pero si no podía cambiar el color por dentro al menos podía comenzar por afuera.

En la puerta del bar había una mujer acompañada con la que parecía ser su madre y unos metros antes de que yo entrara percibí que ambas me miraron, se dieron vuelta y cuchichearon algo; noté que era sobre mí. Cuando llegué a la puerta la más joven me dijo:

—Tienes un vestido hermoso y te queda genial el rojo! ¡Estás muy linda!

¡Guau!, me sorprendió su comentario y a pesar de que lo que me estaba diciendo lo necesitaba muy especialmente ese día, solo atiné a decirle gracias con una gran sonrisa. Avancé unos metros por el pasillo de entrada del café y decidí pegar la vuelta. Ellas seguían aún de pie en la puerta, las miré y les dije: —Creo que ustedes no tienen conciencia de lo que acaban de hacer.

Me miraron sorprendidas, algo inquietas.

—Podían haberse guardado el halago y sin embargo no lo hicieron y yo hoy realmente lo necesitaba. Se los quiero decir para que vean el valor de resaltar lo bueno y la diferencia entre decirlo y no decirlo. Me hicieron mucho bien, y ahora reconfirmo que el rojo ¡me sienta bien!

Se rieron, y continué:

—No dejen de hacer lo que hicieron, pueden hacerle mucho bien a otros.

No es saludable almacenar y amontonar el reconocimiento esperando tener una buena oportunidad para decirlo (puede que no llegue esa ocasión). Esta información es propiedad del apreciado y no da ningún rédito a quien se la guarda. ¿De que nos sirve un frasco de fertilizante en un cajón? Su lugar está en la tierra, es allí donde cumplirá su función y aportará fuerza y vigor a la planta.

La otra historia…

Uno de mis hijos tiene, junto con tres amigos, un café de especialidad muy lindo en Bernal, *Cuaterno Café*; además de servir buen café, deliciosos sándwiches y exquisita pastelería, es un entorno muy agradable; así que muchas veces es mi lugar de escritura.

Una de las mozas, Berenice, llamó mi atención en reiteradas oportunidades, porque si bien todos atienden de manera cordial y amable, ella parece además estar atenta a pequeños detalles. Cuando ve a una madre tratando de acomodar a su hijo en la silla se le acerca para ofrecerle una silla de bebé. Cuando las personas dudan en qué pedir ella les cuenta con lujo de detalle las opciones; apenas te sientas, te acerca un vaso de agua fresca sin que lo pidas.

Un día, cuando me iba, me acerqué a ella y le dije:

—Te observé muchas veces —imaginen la cara de la chica cuando dije eso. "¿Me va a retar?", habrá pensado— y quiero reconocerte porque siempre tienes una milla extra para dar al cliente, estás en los pequeños detalles y te acercas siempre con una sonrisa.

Sus ojos comenzaron a llenarse de lágrimas y los míos también, porque nunca imaginé el impacto que provocaría.

—Ahhhh, ¿de verdad me lo decís? —dijo, apoyando sus manos cruzadas sobre su corazón como un gesto de gratitud—. ¡Me hace mucho bien! ¿Te puedo dar un abrazo? —le sonreí asintiendo y no hubo covid que nos detuviera. Me apretó fuerte y sentí la humedad de sus lágrimas en mi hombro.

—Me alegra que te haga bien saberlo, pero hay una razón por la que quise decírtelo y es para que tú te des cuenta de ello. Para que sepas que todos esos comportamientos no son inocentes y que tú le alegras la vida a muchas personas. Quizá no lo sepas, pero puede que algunos de los que se sientan en estas mesas cada día lo único que están necesitando sea atención y un mimo, y tú se los das. Por eso te lo digo, porque apuesto a que esto que sale naturalmente en ti no lo valoras y es tu potencial y deberías expandirlo aún más.

Me escuchó atenta y me sonrió.

Otra historia…

Hace unos años, en una calurosa tarde de junio, viajaba en tren rumbo a Zaragoza, España, donde iba a dar una ponencia en el III Congreso Internacional de Mindfulness. Unos minutos antes de llegar a la estación tomé mis maletas y me dirigí hacia la puerta. Mientras el tren iba deteniendo su marcha, una mujer se colocó detrás de mí en la fila. Sus pies atrajeron mi atención. Llevaba puestos unos hermosos zapatos dorados. Tenían el brillo justo, su diseño era muy delicado y se veían de impecable calidad. Como hacía un tiempo ya había decidido no guardarme los halagos, levanté mi vista, la miré y le dije:

—¡Qué bonitos zapatos tienes!

Ella me miró sorprendida y por su sonrisa noté que le había agradado mi comentario y me dijo algo nerviosa:

—No son nuevos, hace mucho que los tengo —y no conforme con esto agregó—: No me han costado tanto.

Le sonreí y ya bajándome del tren me di vuelta y le dije:

—Son muy bonitos.

Mientras caminaba por el andén pensé: ¿por qué tendemos a dar explicaciones cuando recibimos un elogio? ¿Por qué no podemos recibirlo con un sentido y sencillo GRACIAS? A muchos de nosotros no nos han enseñado –ni permitido– disfrutar de un halago. Creo que con el afán de querer enseñarnos que no es bueno ser creídos y vanidosos terminamos aprendiendo a dar un exceso de justificaciones de dudosa humildad, que lo único que logran es deslucir un acontecimiento delicioso y socavar nuestra autoestima. Muchas personas creen que la *Apreciatividad* está más ligada a dar aprecio a otros que a abrirse a recibirlo. Imagínate si al recibir un elogio, en lugar de innecesarias explicaciones, le regalaras a la persona una gran sonrisa, con un: "Gracias, ¡me alegraste el día!".

Te propongo hacer un ejercicio: reconoce en alguna persona algo que te guste y díselo. En la fila del supermercado, en la del colectivo o a la recepcionista de una oficina, y observa cuántas de estas personas te lo agradecen y cuántas de ellas se sienten tan incómodas que te darán pilas de explicaciones o, incluso, algunas sospecharán de tus buenas intenciones.

Volvamos a mi libro…

Acepté la propuesta de Alberto; en definitiva, como dice Murakami, "¿Cómo saber si uno dispone o no de estas cualidades? Solo hay una forma de encontrar la respuesta: tirarse al agua y comprobar si flotamos o nos hundimos". Así que ¡me zambullí! y el 20 de junio del 2014, quince días después de mi primer email de contacto, me encontré frente a la computadora viendo por primera vez a Alberto en el zoom y dando inicio al proceso de escribir mi libro, que duró casi tres años.

Alberto me contó que era muy pesimista y que su mujer estaba feliz de que él trabajara en este libro y, de paso, aprendiera algo de *Apreciatividad.*

Pensé: un escritor de ficción y algo pesimista haciendo correcciones sobre un libro de *Apreciatividad,* ¡puede ser un buen combo!

Y en verdad fue muy bueno porque Alberto no fue un coach condescendiente sino un crítico constructivo que me ayudó a escribir mi libro, no solo para aquellos que tenían más afinidad con una línea más optimista y positiva, sino para motivar e invitar a reflexionar a aquellos que pensaran distinto, ¡ardua tarea!

Cuando comencé a descubrirme como escritora aparecieron ante mí muchos recursos que tenía arrumbados, como me diría mi maestra y amiga Diana Levinton, en "el cuartito del fondo". Cuando encaraba algo nuevo ella siempre me decía:

—¿Fuiste al cuartito del fondo a ver si hay algo que ya tienes que te sirve?

En muchas casas es común tener un cuartito de cachivaches donde guardamos cosas que no usamos, pero que creemos pueden sernos útiles alguna vez. Guardamos muebles viejos, clavos, latas de pintura que sobraron y listones de madera. Muchas veces, cuando comenzamos algo nuevo no revisamos el "cuartito del fondo" y vamos a comprar esa pintura blanca que ya tenemos, pero no recordamos haber guardado. Con nuestros recursos es igual, muchas veces están arrumbados en el fondo de nuestra mente, pero cuando comenzamos un proyecto nuevo no los usamos porque no recordamos que están allí disponibles y, lo que es peor, gastamos mucho tiempo y energía en salir a buscar algo que ya tenemos a mano.

Así que me fui a "el cuartito del fondo" y encontré mucho de lo que los reconocidos escritores recomiendan tener para escribir:

- Tiempo (todos tenemos, solo es cuestión de revisar con qué lo llenamos).
- Ganas y deseos de hacerlo (realmente lo quería).
- Mucha imaginación (¡eso me sobra!).

- Perseverancia (me decían "gotita", porque paso a paso lograba horadar la piedra).
- Más de cincuenta libretas de notas que había tomado a lo largo de los últimos quince años, llenas de valiosa información (historias, frases, ideas, canciones, sensaciones, documentadas a lo largo de muchos años).
- No tenía un título en la carrera de Letras, pero sí lo que se conoce como *streetwise*, la sabiduría de la calle. Había vivido intensamente (una vida rica en experiencias, llena de aprendizajes y años de barrio).

Una de las cosas más importantes que recomiendan para alguien con intención de escribir: leer mucho, y caí en la cuenta de que tenía en mi casa una biblioteca con más de 500 libros con la evidencia de que la mayoría habían sido leídos en su totalidad porque jamás leo sin un lápiz en la mano: todos mis libros están subrayados y escritos. Una vez un amigo, que era muy cuidadoso con sus libros y procuraba que ni se doblaran las hojas, me preguntó casi indignado:

—¿Por qué escribís y mamarracheás los libros?

—Porque son míos —le respondí. Me miró sorprendido y dijo:

—Es una buena razón —y se rió.

¡Tenía marcas y notas en cientos de libros! Esto me facilitaba encontrar información de temas que incluiría en mi obra. (Años de subrayado y selección de párrafos, que, por algún motivo, eran relevantes y valiosos.)

Habilidades apreciativas: en el libro *De qué hablo cuando hablo de escribir*, Murakami dice:

…todo aquel que aspira a escribir debería observar con atención a su alrededor. Por muy insignificante que pueda parecer algo, el mundo está plagado de piedras preciosas en bruto, tan atractivas como misteriosas. Los escritores están dotados de vista suficiente para dar con esas piedras, y encima no se puede obviar el hecho de que todo ese material excepcional es gratuito. Con la actitud adecuada se pueden recoger y seleccionar tantas de estas piedras preciosas en bruto como uno quiera, ¿acaso existe otra profesión que ofrezca una oportunidad tan maravillosa como esta?

Mis capacidades apreciativas, mi manera curiosa de mirar el mundo, eran un recurso crucial para escribir mi libro.

Un bolígrafo, un cuaderno, una computadora (Murakami decía que lo único que se necesita para ser escritor es "un bolígrafo, un cuaderno y cierta imaginación" y yo tenía más de uno de todos estos elementos).

Cuando fui a "el cuartito del fondo" sentí que tenía mucho para empezar, ya me había zambullido y ahora era momento de ver si podía flotar con estos "salvavidas" que había encontrado. Obvio que necesitaba aprender a nadar, y si bien expandiendo lo bueno de lo que ya tenía era un modo de hacerlo, también debía adquirir nuevos saberes para que eso ocurriera; pero ya estaba en el agua y eso ¡era un montón! Era un gran salto hacia mi sueño de convertirme en escritora.

Cuando caí en la cuenta de que yo quería escribir un libro sobre *Apreciatividad*, y sin embargo no estaba usándola conmigo misma, me pareció ¡muy loco! Yo, la supuesta experta en el tema, había caído en la trampa de la crítica despiadada hacia mí, de poner foco en lo que me faltaba y había sido indiferente con mi potencial. Necesité que Alberto me mostrara mis talentos y creyera en mí para tomar autoconfianza como escritora. Tampoco había sido capaz de ver la abundancia a mi alrededor hasta que fui al "cuartito del fondo" y descubrí todo lo que ya tenía y que podía expandir aún más.

En mi libro *Apreciatividad. El arte de percibir lo valioso*, presento a MacGyver como un ejemplo de Inteligencia Apreciativa:

> *MacGyver, el agente al servicio de la Fundación Phoenix, siempre resolvió todos los problemas usando su capacidad intelectual. Era capaz de improvisar las soluciones más ingeniosas y efectivas a partir de elementos simples como cables, clips, latas o chicles. En definitiva, era capaz de reencuadrar las cosas para encontrar en ellas nuevas posibilidades de uso que lo ayudaran a alcanzar su meta.*
>
> *Si se encontraba preso en un sótano siempre tenía la habilidad de mirar alrededor en busca de aquello que podía servirle y serle útil (apreciar), luego imaginaba un uso infrecuente, diferente del habitual (reencuadrar) y con su navaja suiza lo transformaba en un elemento que le permitía alcanzar su objetivo (el presente generativo y el futuro se integran). Con elementos comunes y corrientes transformaba la realidad. Era capaz de ver el potencial generativo donde otros no lo veían.*

Utilicé en mi libro la metáfora sobre MacGyver porque era muy gráfica para mostrar los componentes de la Inteligencia Apreciativa; si bien el personaje de esta serie no va al "cuartito del fondo", suele encontrarse encerrado en espacios similares. La idea es encontrar entre todos los cachivaches aquellos que pueden ser útiles para alcanzar el objetivo que deseamos conseguir.

Murakami también da un ejemplo similar en su libro *De qué hablo cuando hablo de escribir.*

En la película E.T., el extraterrestre, *de Steven Spielberg,*
E.T. *fabrica en un momento dado un aparato de radio para*
comunicarse con los suyos utilizando objetos que encuentra
en el desván de la casa. [...] se valía de las cosas de uso
cotidiano que se pueden encontrar en una casa cualquiera,
como un paraguas, una lámpara, platos, un tocadiscos...
A pesar de lo improvisado de los materiales, fabrica una
máquina capaz de enviar una señal a su planeta situado
a miles de años luz de la Tierra. Cuando vi la escena sen-
tado en la sala del cine sentí una profunda admiración.
En mi opinión las grandes novelas están construidas en
cierto sentido de esta manera. No es tan importante la ca-
lidad de los materiales en sí. Por encima de cualquier otra
consideración deben provocar una especie de magia. Si solo
disponemos de materiales sencillos, cotidianos, de palabras
no demasiado complicadas, pero todo ello encierra ese halo
mágico, podemos llegar a construir con nuestras propias
manos máquinas complejas y sorprendentes. Como míni-
mo necesitamos un almacén propio. Por mucha magia que
encierre algo, no se puede crear desde la nada. Necesitamos
una reserva de cachivaches para ofrecer a un hipotético
E.T., *para que, cuando le haga falta, usar lo que guarda-*
mos en el desván.

Y más adelante, cuando relata que su vida no fue tan
interesante ni vivió grandes eventos que pudieran dar
origen a un libro, dice:

¿Qué hacer en una situación así? La única alternativa,
me parece, es actuar a la manera de E.T., *es decir, abrir la*
puerta del desván, juntar todo lo que podamos (aunque solo
sean cacharros viejos) y después esforzarnos por añadir un
poco de magia. Es el único recurso a nuestro alcance para
comunicar con otros planetas. No nos queda más remedio
que apañárnoslas con lo que tenemos a mano y quien sea

capaz de hacerlo habrá ganado una inmensa oportunidad: descubrir el hecho concreto y maravilloso de que somos capaces de usar la magia. Alguien capaz de escribir una novela es alguien capaz de comunicarse con los habitantes de otros planetas.

Volveré sobre esta última frase más adelante para contar mi experiencia de "comunicarme con los habitantes de…" otras tierras.

Cuando me di cuenta de que tenía un montón de cachivaches arrumbados en el fondo de mi ser y que podía sacarlos a la luz como MacGyver y E.T. supe que, si lograba agregarles un toque de magia, podía crear algo original y bueno.

Saqué de la oscuridad de los cajones todas mis libretas y anotaciones, comencé a usar a diario el blog de notas de mi celular, releí algunos libros de mi biblioteca y fui a la librería a comprar nuevos, entre ellos, lo que ya comenté acerca de cómo escribir un libro.

Tomé algo de lo que ya tenía escrito y comencé a darle forma al primer capítulo.

Luego, con la ayuda de Alberto, armé el índice tentativo de mi obra. Mi mente ya jugaba con diferentes títulos para el libro y esbozaba la imagen de su tapa.

Viví momentos de mucha fluidez, otros en los que abandonaba mi obra y no la tocaba durante semanas; algunos períodos en los que solo acumulaba ideas e historias en mis libretas. Mientras tanto, me fui conociendo en el camino y descubriendo cosas de mí, como por ejemplo que mis estados de ánimo influían en si me sentaba o no a escribir. Las penas y las tensiones no han sido momentos de buena fluidez con la escritura. En cambio, la esperanza y el optimismo, incluso en medio de la tristeza, me provocan el deseo de escribir.

Hay ambientes que me inspiran y provocan. Un bar frente a un espejo de agua calma es para mí un lugar perfecto. Puede ser con sol o lluvia, me da igual. En cambio, el encierro no me resulta tan atractivo; puedo escribir y de hecho lo hago porque hay momentos en que me da pereza salir o porque es tarde en la noche, pero salvo que me encuentre muy inspirada, el encierro no es mi lugar ideal. Cuando tengo una idea y tiempo me siento y escribo donde esté y muchas veces el solo hecho de sentarme a hacerlo ha sido suficiente para pasar largas horas garabateando y concluir produciendo algo que me gusta mucho.

Hubo lapsos en los que necesité estar cerca de mis libros; por ejemplo, cuando escribía sobre un tema desarrollado por otros autores necesitaba buscar bibliografía y las citas en sus obras, con lo cual el lugar indicado para esta tarea era mi estudio, cerca de mis bibliotecas, y no un bar.

Cometí un error en esta tarea, mencioné los nombres de los autores de las citas pero no registré de qué libro o artículo las había tomado, es decir, su fuente. Aprendí tarde, cuando mi obra ya estaba en la editorial, que además de la bibliografía (los libros de los cuales se nutrieron mis ideas, mi "apropiacionamiento") debía mencionar, además, las fuentes de las citas textuales. Recuerdo el día en que vacié la biblioteca y apilé, en un rincón de mi estudio, más de ciento cincuenta libros que había leído; durante semanas me senté en el piso varias veces al día y busqué cada una de las citas que había utilizado. Era un requisito para la edición de mi libro y no me quedaba más opción que hacerlo. Allí aprendí cuál era el orden correcto: autor, título, editorial, edición, año.

Cuando descubrí que había contextos que me facilitaban la tarea de escribir incorporé algunos rituales a mi vida que fueron muy provechosos para la escritura.

A veinte minutos de mi casa está Puerto Madero, un moderno barrio de Buenos Aires frente al Río de la Plata, por donde pasa un canal. Allí hay muchos bares frente al agua y, salvo los sábados y domingos, es un lugar tranquilo y alejado de la city bulliciosa. Varias veces a la semana tomaba mi auto, llegaba al lugar, hacía una caminata de cuarenta minutos junto al canal y me sentaba en un bar a escribir. Este ejercicio previo al aire libre me aportaba ideas y me preparaba para afrontar la temida hoja en blanco. Algunas veces, mientras caminaba, escuchaba podcast de charlas inspiradoras; otras, disfrutaba del paseo atenta al escenario y a los sonidos que me presentaba la naturaleza al adentrarme en las arboledas frente al río.

Un tiempo después mi hijo Ezequiel me regaló una bicicleta plegable y comencé a llevarla en el baúl de mi auto; así fue que la caminata fue reemplazada por una bicicleteada. No andaba en bicicleta desde chica y me encantó sumar este ejercicio a mis rituales de escritura: cuarenta minutos de caminata o bicicleta más dos o más horas de escritura en un bar, preferentemente al aire libre y mirando el sereno fluir del canal.

Si uno es buen observador el mundo te da letra todo el tiempo. La vida te trae material para un libro a cada instante y esto ocurre mucho más en la calle que entre cuatro paredes. Las tres B de la creatividad: *Bed, Bus* y *Bedroom* (en la cama, en el bus y en la ducha), se dice que son los lugares donde nos ocurren los momentos de Eureka, esos en los que aparecen las ideas. Dormir y ducharnos lo hacemos todos, son hábitos que ocurren, mayormente, en automático y sin mucha conciencia de ello porque los necesitamos para nuestra supervivencia; en cambio el *bus*, el salir al mundo, estar en movimiento y tener nuevas experiencias, es algo que no todo el mundo hace. Sí, salimos, pero generalmente a repetir las mismas rutinas y los mismos caminos. Se dice que en el movimiento aparece la creatividad, producto de la cantidad de imágenes y situaciones que van pasando delante de nosotros a modo de película y que esta información va enriqueciendo nuestra capacidad creativa. *Bus* es estar en movimiento, la idea es la activación de los sentidos. Un ejemplo de ello es el origen del velcro. Fue inventado en 1941 por el ingeniero suizo George de Mestral; su idea surgió cuando, caminando con su perro en el parque, observó que los abrojos se enganchaban en su ropa y en el pelo del perro. ¡Eureka! ¡Descubrió algo valioso! Sin embargo, tuvieron que pasar diez años para que Mestral encontrara los mejores materiales y su invento pudiera funcionar y casi veinte para ser reconocido y apreciados los diferentes usos. Los primeros en adoptarlo fueron los astronautas y los esquiadores por la facilidad que les aportaba para quitarse sus voluminosos trajes. Luego se utilizó en la ropa de niños porque les facilitaba su uso, lo que la columnista Sylvia Porter dio en llamar "la cremallera sin cremallera".

Hay una similitud en esta historia con el proceso creativo de una obra literaria.

Salimos al mundo, damos un paseo, vemos cosas que nos despiertan ideas, algunas incluso pueden tratarse del eureka que estamos buscando sobre el rumbo que tomará nuestra obra; otras solo serán el germen de algún capítulo. Una vez que los registramos aparece la etapa de seleccionar y encontrar, como lo hizo Mestral con el velcro, los mejores materiales para que funcione; en un libro serán las mejores palabras, párrafos y metáforas que le den un toque de magia a la historia. Puede llevar años, tres años pasaron desde que la idea de mi libro llegó a mi mente hasta que estuvo lista para ser publicada.

El proceso es algo que debemos observar porque es el que muestra los pasos que transitan las obras en el mundo; tengo apiñadas un montón de ideas en mis libretas e incluso una carpeta en mis archivos de la computadora con ese nombre: *Ideas*, pero la mayoría quedan en eso, solo ideas que no pasan al siguiente estadio: el proceso de expansión que las pone en el mundo. Son parte de mi "cuartito del fondo" y quedarán arrumbadas, tal cual los cachivaches en desuso, hasta que un día sean rescatadas para algún proyecto o quizá mueran oxidadas.

Para entrenar mi "bus", estar en movimiento y activar mi niña interior compartí algunas prácticas con Lola, mi ahijada de doce años; ella es un sol y le encanta hacer cosas diferentes, nos divertimos haciendo "experimentos de escritura" y paseando juntas.

Hace un tiempo comenzamos a escribir una historia para niños. La idea es acercar la *Apreciatividad* a los más pequeños para que puedan conocerla a una edad más temprana. Cuando escribimos, yo guío la teoría apreciativa y aporto técnicas de escritura y Lola ¡vuela!, ella tiene una imaginación increíble para crear personajes y diálogos. Esta práctica es muy saludable para mis ideas, me abre a un mundo en el que tengo permitido fantasear –en este relato, por ejemplo, la niña habla con la ardilla y su caballo–, algo que en mis ensayos no me resulta posible.

Esta práctica me inclina a mirar con ojos de niña y sus beneficios no quedan circunscriptos solo a ese espacio, sino que, además, me dejan mejor preparada y con más recursos para afrontar otras obras –y, obvio, también para la vida ¡siempre suma la mente de principiante!

Otra experiencia que me encanta es cuando salimos a capturar escenas e imaginar historias. Solo necesitamos dos libretas, dos lapiceras y algo de dinero para pagar el desayuno o el almuerzo. La práctica consiste en sentarnos en un café y observar a las personas de la mesa contigua y escribir un relato basado en esos personajes y esa escena. Luego, cada una comparte lo que escribió y es muy divertido lo que ocurre porque fantaseamos historias muy diferentes y nos sorprende comprobar cómo de nuestra mente surgieron todas esas locas especulaciones, algunas muy curiosas y originales. El escenario que buscamos no es inocente y lo elegimos deliberadamente. Recuerdo una salida en particular; era sábado y comenzamos desayunando en la cafetería de mi hijo; en la mesa contigua a la nuestra había un padre con su hija de unos cuatro años y fueron nuestros "personajes" –ellos no lo sospecharon, o eso creo– de aquella mañana. Obviamente, como solía ocurrir, nuestras historias fueron muy distintas. Quedamos tan entusiasmadas con el resultado que decidimos ir en busca de más aventura. Subimos a mi auto –era nuestro "bus"– y partimos hacia a un lugar bien disímil: el barrio coreano. Había escuchado comentarios sobre un restaurante en el que servían el mejor pollo frito de Buenos Aires –al menos eso decía la recomendación.

El local estaba sumido, encerrado entre tiendas y supermercados coreanos, el frente era de vidrio esmerilado y no permitía ver su interior; esto, sumado a que no había un cartel, hizo difícil la tarea de encontrarlo. Claramente, no era un lugar para turistas.

Entramos y nos sentamos cerca del mostrador, había apenas unas diez o quince mesas en el salón y casi todas estaban ocupadas, obviamente, por coreanos –al menos mostraban rasgos orientales–. Lola es rubia, de tez muy blanca, y yo castaña de ojos negros y tez trigueña; era muy obvio que estábamos infiltradas. En algunos momentos sentí el peso de las miradas, en especial cuando comenzamos a escribir.

En la mesa de al lado almorzaba una familia, los padres y sus dos hijos adolescentes, o al menos eso creímos porque, salvo la moza que nos atendía, ¡todos hablaban coreano! Con lo cual, a diferencia de la experiencia de la mañana donde al escuchar algunas palabras dedujimos que eran el padre y su hija y no el tío y su sobrina, aquí todo era pura deducción ¡incomprobable! Esto la convirtió en una experiencia original y única. Cuando Lola llegó a su casa le dijo a su mamá: "¡Parecía que estábamos comiendo en Corea!"

Esto es *bus*. Salir a vivir nuevas experiencias, y poder sentir que a la vuelta de la esquina hay un mundo nuevo para explorar y enriquecernos.

Recomiendo muy especialmente vivir estas experiencias; abren la cabeza y son una forma efectiva de salir durante un rato de la tecnología, además de ser muy útiles para oír las voces de los jóvenes y conocer más profundamente lo que sienten de forma lúdica y sin las clásicas preguntas inquisidoras de los mayores que tanto rechazo les provocan. Para nosotros, los adultos, es flexibilidad, apertura, aprendizaje, juego, mucho de lo que carecemos en la vorágine de la vida diaria. Y para quienes escribimos es combustible que da energía para sentarnos a garabatear y suma material para el "cuartito del fondo".

Hemingway publicó en un periódico una recomendación para escritores que me pareció esencial y apreciativa: que debían escribir sobre lo que hay en la escena y no sobre lo que no hay en ella.

Cuando conocí este consejo de Hemingway (muchos años después de haberme tomado un daiquiri junto a él, sentada en el bar Floridita de Cuba al que asistía a diario. Bueno, en verdad no era él de carne y hueso sino una estatua ubicada en el extremo de la barra del bar, precisamente en el sitio donde él se sentaba. Creo que dada su "personalidad de bronce" no me contó su genial consejo en aquel momento) lo tomé y me puse a corregir mis escritos bajo esa premisa: hablar de lo que hay.

Mientras avanzaba en las correcciones de mi libro caí en la cuenta de lo poco apreciativas de sus descripciones: ¡estaban repletas de no! Decía, por ejemplo:

No había flores violetas en el lugar, ni amarillas, ni un solo árbol al lado de aquella casa. Ni un juego de jardín acompañaba el lugar.

Siguiendo las lecciones de Hemingway el texto anterior se vería así:

Era un jardín repleto de flores rojas y blancas, algunos arbustos de vibrante verde rodeaban la casa. Dos hamacas y un sube y baja ocupaban un rincón del jardín.

Nuevamente, la supuesta experta en *Apreciatividad*, que se llena la boca diciendo: "Pongamos foco en la abundancia y no en la escasez", ¡era ciega a sus propias enseñanzas!

Esta recomendación es tan válida para los escritores como para la vida; si bien en momentos de reflexión es importante tener claro lo que no deseamos, cuando se trata de construir nuestro futuro es muy importante focalizar nuestra mente en lo que sí anhelamos, es decir, en aquello que queremos ver crecer aún más en nuestra vida.

Nuestro cerebro hará caso omiso a los "no" con los cuales, al proyectar nuestra mente en negativo, suele reafirmar lo que no deseamos. Así como un lector comprende mejor una escena cuando hablamos de lo que hay en ella, también nosotros comprendemos mejor hacia dónde vamos cuando lo enunciamos en afirmativo.

El proceso de escribir me enfrentó a mi propia *Apreciatividad* y me mostró, a veces descarnadamente, que aún me queda camino por recorrer. Por ejemplo, al comenzar este capítulo pensé en la obra prolífica y reconocida que autores como King y Murakami han escrito a lo largo de su vida y la autoridad que esto les otorga para dar consejos a escritores. Me vi entonces tentada a abandonar este capítulo. ¿Cómo me atrevo a contar mi experiencia habiendo ya autores tan talentosos haciéndolo? Por suerte me rescaté y me dije: ¿por qué no? Mi experiencia es única, no puede escribirla ni Murakami ni King y si yo no la escribo, nadie la contará, así que ¡a poner manos a la obra! Que lo que yo relate tenga cualidades para cambiar positivamente el rumbo de la vida de alguien. ¿No es esta razón suficiente para ponerme a escribir?

En su libro *¿Existe la suerte?* Nassim Nicholas Taleb dice que él no se coloca una peluca o una nariz postiza para tomarse una foto y esconder sus defectos, con lo cual tampoco hará demasiadas correcciones en su libro siguiendo las recomendaciones de los "entendidos" de la industria. Él piensa que su estilo es su estilo, e incluir la personalidad del autor y sus imperfecciones alivia el texto y que, en definitiva, los libros no se escriben para los editores.

Sus reflexiones me dan algo de alivio y siento el permiso de escribir imperfectamente, lo cual no significa hacerlo faltándole el respeto a este arte y a los lectores; significa entregar lo mejor de mí, aunque no sea perfecto. Basta con que le sirva al lector.

Otra vez me entretuve… Volvamos a la cronología… (¡bueno, este libro es imperfecto!).

Mi obra estuvo lista en diciembre de 2016 y cuando digo lista, es lista. Menos los prólogos y las menciones de las fuentes, estaba terminada, bueno, en verdad, "abandonada". Aprendí que los libros no se terminan, se "abandonan"; mi perfeccionismo lo hubiera seguido corrigiendo y agregándole páginas, pero por fortuna un día lo solté. Un libro es una buena experiencia para practicar el desapego amoroso.

Ahora tocaba tomar una decisión: o lo editaba y lo comercializaba yo, algo que cualquier persona con un poco de dinero puede hacer, o buscaba una editorial que se interesara en mi obra.

Lo primero era el camino más fácil y perfectamente posible, pero era el menos desafiante. Así que le dije a Alberto:

—Me diste alas como escritora así que voy a volar un poco más alto. Voy a enviar mi obra a las editoriales a ver qué opinan —le dije muy convencida.

—Me parece muy bien, pero te advierto que es muy difícil el mundo editorial —respondió.

Le escribí a colegas, profesores y conocidos que habían editado ya un libro en reconocidas editoriales. Por medio de ellos conseguí algunos contactos y comencé a enviar emails a los editores, no solo de Argentina, sino de Latinoamérica y España.

Vale aclarar que era enero del 2017, mala fecha para encontrar editores trabajando en sus oficinas. Pero no esperé un momento más oportuno, envié notas a cuanto email conseguía. Solo recibí silencio o, en algunos casos, me respondían que solo publicaban novelas, pero no este tipo de temática. Lo que jamás recibí fue una respuesta diciéndome: "Su obra es mala, dedíquese a otra cosa". Así que seguí adelante.

Solo una vez, una importante editorial de España me propuso editar mi libro con su sello y distribuirlo en las librerías, pero ellos no harían la inversión económica. Yo debía asumir los costos de imprimirlo y comprar un porcentaje alto de lo producido y pagar, además, el viaje de cruzarlos el Atlántico. Para un argentino eso era una fortuna; pero me alegré, al menos había recibido una respuesta más alentadora. No dije ni que sí ni que no, y seguí buscando.

Por recomendación de mi amiga Patricia llegué a los dueños de Galerna, una cadena de librerías que, además, es una editorial. Me respondieron que ellos se dedicaban a editar otro tipo de libros, pero gentilmente me facilitaron una lista con correos de editoriales con posibilidades de interesarse en mi obra.

El 16 de enero del 2017 envié, a cada uno de los correos de la lista, un email presentándome. Ningún correo tenía nombre, porque el listado solo contenía cuentas de info, ventas o similares, con lo cual sería una lotería que mi mensaje cayera en manos de la persona indicada, pero había encontrado perseverancia en el "cuartito del fondo" y estaba dispuesta a usar ese recurso y no aflojé.

Un cálido día de verano, el 18 de febrero, recibí una respuesta. Recuerdo muy bien ese momento porque era el primer día de unas vacaciones en Valeria del Mar.

Estimada Laura,
Muchas gracias por comunicarse con Ediciones Granica.
La propuesta nos resulta atractiva. Sería bueno reunirnos la semana que viene, en lo posible, para conversarla.
Espero su respuesta para coordinar un día.

Carina

Anhelaba con ansias recibir esta respuesta; sin embargo, la leía y releía y me parecía irreal. Había hecho mucho para que esto ocurriera, pero tal vez detrás de mi confianza en que algo bueno iba a suceder, albergué en algún rincón de mi interior cierto escepticismo protector que hacía que mientras leía el email necesitara un pellizco que confirmara que no se trataba de un sueño.

Respondí inmediatamente, pero no estaba en Buenos Aires, así que la reunión debió esperar hasta el último día del mes de febrero.

Llegó el día, la recepcionista me recibió y me acompañó hasta una pequeña sala donde había una larga mesa con algunos libros; en una pared, con grandes letras, decía Granica, y en la otra un escaparate con libros de su producción. Vi muchas de las obras que yo había leído de autores renombrados, especialmente del mundo del management. Eso me estremeció y tomé conciencia de la magnitud de lo que podía suceder.

Tras unos minutos de espera Carina abrió la puerta, era una bonita mujer de unos treinta y tantos años, de aspecto muy agradable. Pronto se sumaron dos personas más que dijeron ser de áreas comerciales.

Carina comenzó a hablar de mi obra y sus apreciaciones sobre ella; caí en la cuenta de que era la primera vez que alguien, excepto Alberto, había leído mi obra. El trabajo de Carina consistía en buscar futuras publicaciones para la editorial, con lo cual su mirada tenía un peso importante; era una entendida en obras de este tipo y también conocía las tendencias del mercado.

Me dijo:

—Tu trabajo es original, es un tema vacante en el mercado literario, lo cual tiene ventajas y desventajas. Hay además algo en tu obra que me gusta y es la manera en que relatás las historias y anécdotas que completan la teoría. Sabés contar historias. ¡La del auto es genial! —remarcó con énfasis—. Hay cuestiones de edición, pero nosotros podemos arreglarlas.

Nunca había recibido un análisis tan detallado de mi obra, y confieso que me sorprendieron sus apreciaciones. ¿Está hablando de mí? ¿Soy yo la que sé contar historias?

Patricio, uno de los hombres que estaba en la reunión, me explicó los detalles del negocio editorial, era un mundo nuevo para mí; lo escuché, pero mucho no me importaban las cuestiones legales y las regalías, yo solo soñaba con ver mi libro en las grandes librerías, así que asentía con mi cabeza cuando él me hablaba, pero no indagué ni pregunté detalles.

Carina indicó que, si estaba de acuerdo, continuaría con el proceso de selección y abriría conversaciones con el resto del equipo para evaluar su posible publicación.

Las semanas siguientes toleré momentos de mucha ansiedad y cuando ya no resistía más, le enviaba a Carina un email preguntando cómo iban los avances, a lo que ella respondía cordialmente "aún no tengo respuesta".

De pronto, el 31 de marzo me escribió:

¡Espero que estés muy bien!
Me gustaría, si podés, que nos reunamos la semana que viene
para que te comente lo que conversamos con el equipo.

Fui a la reunión expectante, pero con cautela, temía recibir un no como respuesta. Carina había sido tan cordial que yo creía que no rechazaría mi obra con un escueto mensaje de correo, tanto un sí como un no me lo diría "face to face".

El 7 de abril a las 11 horas pisé por segunda vez las oficinas de Granica. Cuando ya llevaba unos minutos esperando, Carina y Patricio entraron en la sala de reuniones; nos saludamos y me ofrecieron un café. Apenas se sentó, Carina me anunció:

—Hemos decidido publicar tu obra, así que Patricio te dará el contrato para que tus abogados lo revisen.

Así, en un instante, borraron de un plumazo mi escepticismo. Yo pensé para mí ¡no tengo abogado! ¡Ni hace falta! ¡Si quieren firmamos ahora en una servilleta de papel! Lo que yo deseaba ya estaba cumplido, las formalidades no tenían importancia para mí, pero puse cara de escritora habituada a estos trámites y dije que mi abogada revisaría el contrato y se los devolvería firmado.

Al finalizar la reunión me urgía imperiosamente salir a la calle, necesitaba decir a gritos lo que me estaba ocurriendo. Bajé del ascensor, saludé al portero, abrí la pesada puerta de vidrio de la entrada al edificio y me apoyé contra la pared lateral –quería quedar fuera de la vista del portero, también necesitaba llorar. Era una calle concurrida y no quedé fuera de la vista de los transeúntes, seguro imaginaban que me estaba pasando algo grave, pero era ¡pura felicidad!

Llamé a mis hijos y a Alfredo, quien era mi pareja en ese momento, y compartí mi felicidad con ellos. Llamé a Valeria –mi amiga, mi hermana por elección–, que es una profesional del Derecho, y le dije:

—Amiga, ¿querés ser mi abogada?

Y le conté.

El 31 de mayo firme mi contrato con Granica; allí se cerraba una etapa y comenzaba una nueva: correcciones, foto de tapa, gráficos, prólogos y revisiones, revisiones y más revisiones hasta que la obra estuvo lista para ser impresa.

Sin imaginarlo, la tapa del libro se convirtió en una experiencia apreciativa.

Una tarde, conversando con Gabriel, un amigo, me habló sobre Gustavo, un ilustrador y fotógrafo que estaba iniciando un nuevo camino como profesional independiente y –¡oh casualidad!– ese día yo estaba buscando a un diseñador para hacer los gráficos de mi libro. Lo llamé y llegamos a un acuerdo. Gustavo nunca antes había oído hablar de *Apreciatividad* y se mostró muy interesado mientras le contaba. Era importante que él comprendiera la esencia del concepto para poder reflejarlo en el trabajo. Luego de unos días me envió una producción con veinte gráficos; algunos estaban alineados con el tema; otros, no tanto. Conversamos, ajustamos y rediseñamos. Ahora, cuando los gráficos estuvieron listos y él ya conocía más sobre *Apreciatividad,* había llegado el momento de ocuparse de la foto para la tapa. Necesitábamos encontrar una flor, pero no cualquier flor, sino una que creciera en medio de la ciudad. Quería replicar la idea de un fotógrafo serbio; era una lupa destacando una pequeña flor que crecía entremedio del empedrado en una calle llena de gente que pasaba delante de ella sin verla. Personas ensimismadas en sus ocupaciones y problemas, impasibles ante las bondades que a diario les presenta la vida.

Una mañana, mientras manejaba, recibí un mensaje, era de Gustavo que me enviaba la imagen de una flor. Me detuve a un costado sobre la avenida y apenas la vi supe que esa era la foto de mi tapa.

Lo llamé y le dije:

—¡Hola, Gus! ¡Está genial!

—¡Hola, Lau! ¿Te gustó? Salí a capturar flores en Bernal —me respondió.

—¡Qué buena idea! ¡Es lo que quería!

—Salí a dar un paseo con mi cámara en el barrio que camino todos los días y hoy ¡lo vi tan distinto! Había muchas flores maravillosas que yo no había visto antes —me contó.

—¡Acabas de tener una experiencia apreciativa! —y nos reímos juntos.

En la tarde volvimos a hablar por otros temas y antes de cortar agregó:

—Quiero darte las gracias porque la experiencia de la foto me ayudó a tomar una decisión que me hace sentir muy bien.

—Porque hay algo que no sabes —continuó—. Regresé al lugar a la tarde y la escena era otra. El sol había achicharrado las flores de nuestra hermosa fotografía de la mañana. La mayoría de las flores del barrio que había visto tan relucientes y enérgicas en la mañana se encontraban replegadas por el fuerte calor del sol. Me di cuenta de que lo bello está todo el tiempo, pero también es efímero. Me alegré de haber capturado la belleza esta mañana, de darme cuenta que estaba allí ¡y de tomarla!

Le había explicado la teoría a Gustavo en varias oportunidades, pero fue necesario que él la viviera en carne propia para que entendiera en profundidad su naturaleza; cuando esto ocurrió apareció el insight, una verdad revelada. ¡Ahá, de esto se trata!

La *Apreciatividad* es sentida, es una experiencia emocional subjetiva que nos ocurre frente a determinados sucesos, personas o cosas. Es esta conexión emocional la que despierta ideas y acciones que provocan cambios positivos en la vida de las personas.

Podemos describir la *Apreciatividad* con palabras, pero alcanzamos su comprensión y la internalizamos cuando la pasamos por el cuerpo.

Alberto me había dado alas y había levantado vuelo con ellas, así que decidí continuar mi ascenso y volé un poco más alto. Le escribí a Tojo Thatchenkery, el creador del constructo de Inteligencia Apreciativa, y a Margarita Bosch, una experta en Diálogos Apreciativos, y les pedí si me hacían el honor de escribir los prólogos de mi libro.

No eran mis tíos, ni mis amigos, eran dos de los referentes más importantes en temas afines a la *Apreciatividad*. Tojo vive en Virginia y Margarita en Uruguay, les envié mi libro para que lo leyeran y ¡ohhh sorpresa! ¡Aceptaron! Mi vuelo daba frutos.

Pasó casi un año desde la firma del contrato y el 9 de mayo de 2018 cuando, a mi regreso de un viaje a Brasil, entré a mi casa y vi, por primera vez, sobre la mesa del comedor, un ejemplar de mi libro –en verdad eran tres, envío de la editorial–. Esta vez no lloré, ¡grité!

Cinco días después, el 13 de mayo, estaba firmando libros en la Feria del Libro. Eso sí que no estaba entre mis objetivos y juro que no fue por culpa de mi escepticismo protector; debo haber pensado que era un atrevimiento y una intrepidez, para una principiante, soñar tanto. Pero había usado mis alas para volar y al parecer al universo le encanta cuando lo hacemos, y me premió. Sí, la vida nos premia cuando la honramos, cuando expandimos lo que nos fue dado.

El universo –la vida, el destino– me tenía reservada otra grata sorpresa …; ahora podía comunicarme con los habitantes de otras tierras, sin estar y sin siquiera conocerlos.

¿Recuerdas cuando párrafos atrás relaté la escena de la película *E.T.* y Murakami decía que "Alguien capaz de escribir una novela es alguien capaz de comunicarse con los habitantes de otros planetas"? Prometí volver sobre estas líneas para contar mi experiencia.

Así como conté que nunca busqué a un autor para conocer su experiencia de escribir, tampoco se me ocurrió mandarle un mensaje privado en las redes al autor de un libro; ni para ponderar su obra ni para agradecerle por los aprendizajes que ella agregó a mi vida, ¡que los ha habido y muchos! Sin embargo, hay personas que lo hacen –ahora aprendí de ellas– y lo hicieron conmigo.

Comencé a recibir mensajes de "habitantes de otras tierras", personas que no conocía y no tenía la menor idea de cómo el libro había llegado a sus manos.

Una profesora se lo había recomendado, un amigo se lo había obsequiado, había participado de una conferencia mía, su pareja se lo regaló en su cumpleaños, todo esto y más decían los mensajes. Algunos, además, querían más y pedían información sobre cursos y talleres.

No se trataba de comentarios resaltando mis dotes de escritora; en su mayoría hablaban de cómo su lectura había impactado en ellos, y si había algo que resaltaban del libro era la simpleza y la cercanía con que estaba escrito. Esto me llenaba de alegría porque creo que no lo hubiera logrado de continuar con un escritor fantasma. Es más, quienes me conocían –alumnos, clientes o amigos– decían que al leerlo parecían estar escuchándome. Había logrado lo que pretendía, que el libro tuviera mi voz, y no se trataba de mi percepción; era lo que reconocía y apreciaba el lector.

Un día, una ex alumna me envió un mensaje contándome que leyendo mi libro en un viaje de avión la conmovió un relato sobre mi abuela y no pudo contener las lágrimas. La pasajera del asiento de al lado le preguntó, curiosa, qué leía y si podía tomarle una foto a la tapa del libro. Al llegar a Buenos Aires la mujer fue directo a la librería a comprarlo. Ella compartió conmigo la foto que esta mujer le envió dándole las gracias por esta recomendación tan oportuna para su vida. El libro la estaba buscando; en palabras de Irene Vallejo en su obra *El infinito de un junco*:

> *Cuando un relato me invade, cuando su lluvia de palabras cala en mí, cuando comprendo de forma casi dolorosa lo que cuenta, cuando tengo la seguridad –íntima, solitaria– de que su autor ha cambiado mi vida, vuelvo a creer que yo, especialmente yo, soy la lectora a quien este libro andaba buscando.*

Otra vez Paulina, una lectora chilena, publicó varias fotos de mi libro destacando unos párrafos resaltados en amarillo y recomendando su lectura; cuando le agradecí por su publicación me respondió que de mi libro "¡subrayaría hasta las comas!". Me conmovió, eran cuatro palabras que decían un montón. Había logrado tocar al lector…, ¡y de tierras lejanas!

A diferencia de una conferencia en vivo, el libro permite remarcar, releer y detenerse a reflexionar; el ritmo lo pone el lector y es quien, navegando por sus páginas, lo libera del sepulcro de un escaparate y le infunde vida.

Cuando el universo me mostró que un libro puede entablar una comunicación directa con seres que no conozco y que seguramente jamás conoceré, y que mis palabras no eran inocentes y podían cambiar la vida de las personas, me alegré de no haberlo sabido antes, porque muy probablemente esto hubiera afectado negativamente a mi obra intentando encontrar la perfección, buscando ponerle "una peluca" a las imperfecciones para que la calvicie de mi libro no apareciera en la foto.

Hoy lo sé, pero ya no soy una principiante. Aprendí a asumir la responsabilidad de mis palabras y también a disfrutar de saber que no es mi responsabilidad lo que las personas construyan con ellas. Las entrego con el corazón, con la intención de que ellas puedan sumar a la vida de otros y a la mía, pero no puedo controlar lo que provocan. La palabra escrita es un monólogo que no contesta preguntas ni entra en reflexiones y debates con el lector, al menos no con la voz del autor; cuando se trata de un libro las palabras viajan y, como a un hijo adolescente al que debemos dejar ir y confiar en que ya hemos hecho nuestro trabajo y está preparado para afrontar su destino, debemos soltar las palabras y confiar en que ellas sabrán atrapar, invadir y fascinar al lector. El valor de las palabras radica en lo que hacen sentir, en lo que provocan.

¿Cómo comenzó todo esto? Con el llamado de Osvaldo, su inquietud despertó en mí la necesidad de poner por escrito esta historia. La había relatado en varias oportunidades, incluso a él por teléfono, pero escribirla no había estado en mi radio de posibilidades hasta que Osvaldo me hizo saber que mi experiencia podía ayudarlo con su proyecto. Sócrates y Buda no usaron la escritura para transmitir sus mensajes, lo hicieron sus discípulos; como yo no sé si contaré con esta misma fortuna, me dije: "mejor lo escribo".

Borges señaló:

De los diversos instrumentos del hombre, el más asombroso es, sin duda, el libro. Los demás son extensiones de su cuerpo. El microscopio y el telescopio son extensiones de su vista; el teléfono es extensión de la voz; luego tenemos el arado y la espada, extensiones de su brazo. Pero el libro es otra cosa: el libro es una extensión de la memoria y la imaginación.

Y hablando de memoria…

—Quizá tú no te vas a acordar de lo que voy a contarte —me dijo Osvaldo por teléfono—. Una vez, en una de las audiencias públicas (eran mini conferencias con público que los alumnos tenían que dar y donde eran evaluados por un grupo de profesores), cuando llegó el momento de tu feedback me dijiste que como habías llegado tarde no sentías que estaba bien opinar sobre mi ponencia porque no la habías visto completa, pero que lo que sí pudiste ver te había divertido mucho y resaltaste mi habilidad con el humor.

Realmente no recordaba nada de lo que él me estaba relatando, y continuó:

Yo pensé: "¡Qué dice esta mujer!, ¡qué tiene que ver este comentario!". No es el objetivo que yo buscaba alcanzar con esa ponencia. ¡Quería que el público se emocionara, no que se divirtiera!

—La verdad es que no recuerdo nada de esta historia —le comenté.

—Lo imaginé —me dijo, y continuó—: Hace dos años en plena pandemia, quizá al sentirme protegido por la pantalla, comencé a usar el humor como un recurso. Nunca antes lo había hecho por considerarlo inapropiado, no quería ser tildado de banal o payaso. Hoy descubrí allí un talento que nunca había explotado y con el que me siento a gusto y disfruto, y lo que es más sorprendente es que mejoró la calidad de mis clases y ponencias. ¡El público está encantado! Y vos me lo dijiste hace quince años.

Lo escuché atentamente, no fue la historia lo que me sorprendía de su relato sino la conexión que él hacía entre aquel viejo acontecimiento y su transformación de hoy, y le dije:

—Seguro debiste tener otras señales en el camino, otros maestros, amigos, clientes que te señalaron este atributo; sin embargo, en lugar de expandir este talento, apuesto que en estos años hiciste pilas de entrenamientos y cursos para adquirir competencias y habilidades que te faltaban y dedicaste mucho tiempo a arreglar tus debilidades.

—Sí, es correcto, ¡no me había dado cuenta!

—Esto es justamente una propiedad de la *Apreciatividad*, la capacidad de leer el mundo y sus señales mejor de lo que muchas veces lo hacemos. Lo bueno es que con esta experiencia ahora sabrás estar más atento y tener prácticas y rituales que capturen estas señales para que puedas expandirlas.

Y agregué:

—Algo de mis palabras de aquella tarde tienen que haber tenido sentido para vos para continuar recordándolas hoy después de quince años. En algún lugar de tu interior las guardaste.

Jung decía que en la vida nos llegan señales sutiles todo el tiempo y que debemos estar atentos a ellas porque están llenas de información sustancial para nuestra vida. Un número de señales coincidentes pueden ser el momento de inflexión para un gran cambio. Ahora bien, hay que verlas, y para verlas, debemos creer en su presencia y estar ávidos y preparados para detectarlas. Luego llega el momento de más coraje y acción, el momento de expandir.

Osvaldo tuvo durante años arrumbado el humor en su "cuartito del fondo" y seguro tuvo otras señales, además de la que recuerda conmigo, que quizá no percibió o le dio miedo reconocer. Al parecer, tuvo que llegar una adversidad como la pandemia para que desempolvara ese talento.

Cuando mantenemos una actitud optimista frente a las adversidades se nos despiertan capacidades aletargadas como un recurso para afrontar mejor los problemas; ello no me sorprende, es muy humano que lo hagamos y podría decirse que es una buena estrategia de supervivencia, pero como digo siempre: ¿qué pasa cuando las cosas van bien o están medianamente calmas?

Ahí la cuestión cambia, en esos momentos solemos descansar en nuestros talentos y casi no los desarrollamos y, peor aún, buscamos crecer por el camino equivocado, es decir, escarbando y hurgando en nuestras debilidades. Como tenemos tiempo y nuestra cabeza esta ociosa, rumiamos los problemas que aún no tenemos pero que imaginamos pueden acosarnos; entonces, buscamos entender mejor nuestras fragilidades para poder arreglarlas y que el futuro no nos agarre débiles. Lamentablemente ese esfuerzo, muchas veces, es más un producto de nuestras inseguridades que de un genuino anhelo por progresar.

Lo bueno de la adversidad es que no hay tiempo para perder, no es momento de andar ocupándonos de nuestros lados flacos y lo mejor que podemos hacer es actuar rápido y afrontar la realidad con lo mejor que tenemos. Ahora bien, si en la adversidad necesitamos de nuestras habilidades, ¿cuándo es el momento de desarrollarlas? Pues en momentos de calma y estabilidad. Por eso insisto tanto en el entrenamiento de la *Apreciatividad* cuando las cosas van bien, porque son los momentos que más desaprovechamos para entrenar esta habilidad que, en circunstancias de infortunio, nos salva de caer en estados emocionales como la resignación, el resentimiento y la desesperanza.

Si sabemos hacerlo, y no caemos en el trauma, aprendemos en la adversidad y crecemos con sus experiencias; pero para muchas personas esto se convierte en el único espacio en el que ponen a prueba sus capacidades, sin advertir que esas mismas capacidades se encuentran por debajo de su potencial ya que no han sido ensayadas ni expandidas con anterioridad, cuando las cosas iban bien.

Hoy que las cosas están calmas en tu vida de autor y no hay una editorial pidiéndote que le entregues un manuscrito en tres meses, mientras tu mente está en blanco y no sabes por dónde empezar, hoy es un buen momento para comenzar a probar y expandir tus habilidades de escritor.

En la miniserie "Período azul", en la que un joven está descubriendo su talento para la pintura y preparándose para rendir sus exámenes e ingresar en la escuela de arte, una profesora le da un consejo: "Necesitarás tres cosas para ser un artista: adaptabilidad, autoconfianza y capacidad de disfrutar y divertirte". Creo que este también es un buen consejo para zambullirnos en el mundo de la escritura.

Adaptabilidad, esa capacidad que necesitamos, por ejemplo, para no aferrarnos a un personaje o a una escena y ser capaces de fluir con el relato.

Autoconfianza, ¿qué decir de esto? Nada que explicar, vale para todo. Fue lo que no tuve en la escritura hasta que llegó Alberto a darme alas.

Capacidad de disfrutar y divertirte; escribir requiere esfuerzo y disciplina pero no por ello ha de ser tedioso y angustiante. Si no lo disfrutas, no lo hagas, o hazlo distinto.

El acto de escribir disuade al olvido y perpetúa en la memoria de otros nuestras experiencias e ideas. Lo que nosotros no escribamos nadie lo hará, ¿cómo sería la obra de Sócrates o de Buda sin el sesgo inevitable de la mirada de sus discípulos? Más allá de que pueden haber transcripto literalmente sus palabras y enseñanzas no sabemos si lo que eligieron transcribir sus aprendices hubiera sido lo mismo que Sócrates o Buda habrían escrito en su propia obra.

La oralidad, la forma de transmisión más habitual que tenemos los humanos, tiene la magia de la sonoridad difícil de lograr con la palabra escrita y tiene, además, la posibilidad de diálogo y reflexión con el que oye, lo que hace de la mayéutica, el coaching y de algunas terapias, espacios de aprendizaje profundo.

Un libro puede tener el objetivo de despertar e invitar a la reflexión al lector, pero debe ser él quien guíe su propio proceso. Pero la palabra escrita tiene algo que la oralidad no tiene, perdura más en el tiempo y lo hace fidedignamente, es decir, las primeras ediciones de *La Ilíada* y *La Odisea* son exactamente iguales –o casi– a las que hoy exhibe la librería de mi barrio. Pudieron haber sido representadas y contadas por muchos oradores y todos, seguro, lo hicieron a su estilo y con su propia impronta, pero todos podemos volver a la fuente, a la obra original y distinguir sus distorsiones –algunas le suman, otras la estropean–. Sócrates creía que los libros eran buenos para la memoria y el conocimiento, pero que un verdadero sabio debía desconfiar de ellos. Suelo decirlo al final de mis ponencias: "No me crean nada de lo que digo, ¡vayan y prueben por ustedes mismos!".

Si sientes el deseo de escribir un libro hazlo, porque no hay pecado del que nos arrepintamos tanto como del pecado de omisión: aquello que no hicimos y deberíamos haber hecho. La única manera de saber si sabes nadar es tirarte al agua; ve al "cuartito del fondo", busca tus "recursos salvavidas" y ¡zambúllete en la experiencia de escribir! No es sencillo, pero tampoco imposible y recuerda que el universo –la vida, el destino– premia más a los que más se atreven.

¡Llegó el momento de la acción!

Atrapa diálogos

Cuenta la leyenda que en el pueblo Ojibwa, de América del Norte, había una mujer araña, llamada Asibikaashi, que cuidaba a los niños y a la gente de la tierra. Pero cuando el pueblo Ojibwa creció se le hacía difícil cuidar a todos los niños. Por eso, madres y abuelas tuvieron que comenzar a tejer redes de propiedades mágicas para protegerlos de los malos sueños y las pesadillas. Armaban un aro circular sobre el que tejían una red en forma de tela de araña, y que decoraban con plumas y cuentas que luego colgaban sobre la cama de los niños. Así nacieron los "Atrapa sueños".

Para el pueblo Lakhota, de la tribu sioux, los atrapasueños filtran las pesadillas a través de la red mientras que los sueños buenos quedan atrapados en los hilos y se deslizan por las plumas hasta la persona que está durmiendo debajo.

¿Qué pasaría si hiciéramos lo mismo con los diálogos cotidianos?

¿Podemos nosotros ser buenos "atrapa diálogos"?

Es decir, expertos en observar los diálogos que constituyen la red de nuestros entornos, reconociendo tanto los disfuncionales como los funcionales y deliberadamente comprometernos en promover los diálogos funcionales ayudándolos a deslizarse y circular por las redes de comunicación de nuestros entornos y convirtiéndonos en expertos en esta habilidad.

Diálogo disfuncional: todo aquel que impide el fluir y buen funcionamiento de nuestra vida. Frena nuestro florecimiento y obstaculiza la concreción de nuestros objetivos. Nos conectan con la escasez y lo que falta.

Diálogo funcional: todo aquel que nos motiva e inspira a avanzar incluso ante las dificultades. El que facilita y abre nuevas maneras de ver y actuar para alcanzar lo que deseamos. Nos conecta con el potencial y la abundancia.

Pasos:

1. Detente a observar las conversaciones y diálogos que escuchas de ti y de otros en tu día a día.
2. Obsérvalos y discrimina entre funcionales y disfuncionales respecto de los objetivos que estás queriendo lograr con ellos.
3. Elige deliberadamente dos diálogos de tu lista de funcionales. Recuerda que no se trata de tapar o hacerse los distraídos frente a las conversaciones o diálogos disfuncionales sino de agudizar nuestra habilidad para detectar y expandir los funcionales.
4. Diseña acciones que siembren y aumenten la presencia de estos diálogos en tu día a día. ¿Por dónde quieres empezar?
5. ¡Comienza cuanto antes!

Guía:

Objetivo a lograr: (Ej.: escribir un libro.)

....

....

....

Diálogos disfuncionales detectados: (Ej.: No tengo una carrera de Letras – Ya estás grande para dedicarte a esto – Alguien que sepa lo tiene que escribir por mí).

....

....

....

Diálogos funcionales detectados: (Ej.: Hay coaches literarios que pueden ayudarme – Puedo aprender – Puedo escribir dos páginas a la semana).

....

....

....

Acciones propuestas para afianzar y ampliar los diálogos funcionales en la red de comunicaciones de mis entornos: (Ej.: Haré público que estoy escribiendo un libro – Enviaré mails a las editoriales para contarles sobre mi libro – Escribiré mensajes motivadores en las paredes de mi estudio).

....

....

....

Cuándo y cómo ponerlas en práctica: (Ej.: Lo haré la próxima semana por mail – Prepararé un almuerzo y lo anunciaré a mi pareja y amigos).

....

....

....

❖ **Recuerda: explorar, descubrir, valorar y expandir. ¡Hazlo crecer!**

Preguntas reflexivas

- ➢ ¿Qué aprendizajes y descubrimientos encuentras en esta experiencia?
- ➢ ¿Qué beneficios te deja esta práctica? ¿Cuáles a quienes te rodean?
- ➢ ¿Qué emociones y sentimientos reconoces en ti en este momento?
- ➢ ¿Sientes que esta práctica te ayuda a crecer? Si es así, ¿en qué y para qué te es útil este crecimiento?
- ➢ ¿Percibes algún cambio en tus ideas anteriores luego de hacer este ejercicio? De ser así, ¿cuáles?

Capítulo 8

Vivir en un palacio sin ventanas

Hace unos días, no sé por qué motivo, mi mente me llevó a la infancia. Más precisamente, a la casa de *los yayos*, mis abuelos paternos, en Montevideo, Uruguay.

Vinieron de Barcelona a vivir en la Argentina y luego de unos años, y con sus hijos ya casados, fueron por nuevos rumbos y se instalaron en el país vecino. Mi abuelo abrió un taller de rebobinado de motores en la calle Minas al 1800 y detrás del taller estaba su morada. La calle era muy particular porque, en mitad de la cuadra, cinco viviendas habían sido construidas unos veinte metros hacia adentro de la vereda, lo que dejaba delante de ellas un enorme espacio que los chicos del barrio transformamos en un gran patio de juegos donde andábamos en bicicleta, jugábamos a las escondidas y nos dábamos los primeros besos.

Dos de las edificaciones tenían varios pisos de departamentos y dos locales comerciales en la planta baja; la esquina derecha la ocupaba un pequeño almacén y, a la izquierda, contiguo a la puerta de entrada del edificio, estaba el taller de mi abuelo. Cada mañana, cuando él abría la puerta, el local se convertía en un lugar habitual para los personajes del barrio que pasaban, saludaban, intercambiaban un par de palabras, u otros, como Nicola, que aprovechaba la ocasión para tomarse un whisky a la hora que fuera. No recuerdo haber visto a mi abuelo tomar más que un vaso de vino, pero de pequeña podía ver en este señor alto y delgado, que había venido de Rumania, el deterioro que el exceso de alcohol produce en las personas. Lo recuerdo solitario, solo se le conocía una secretaria que cada tanto ocupó otro rol y quien, a su modo, lo acompañó hasta que el último trago se llevó su vida. Un tipo brillante, así también lo recuerda hoy mi padre y, sobre todo, una buena persona.

Era el dueño de un enorme taller de tornería y su casa estaba en la planta alta. Cuando era niña ese lugar me parecía enorme, sus grandes máquinas y techos altos me daban la sensación de estar dentro de la carpa de un gran circo. Ahora que lo pienso, tal vez no era tanto pero, al compararlo con el diminuto taller de veinte metros cuadrados de mi abuelo, era verdaderamente gigantesco. Pero el taller de mi abuelo tenía sus atractivos: pesadas mesas de madera maciza llenas de herramientas, bobinas de alambre de cobre de diferentes grosores que eran mi tentación –me encantaba hacerme pulseras y anillos con ello–, y una morsa que me servía para experimentar, por ejemplo, cómo romper una nuez o apretar cualquier cosa que me viniera a la cabeza; sobre el fondo, una división de madera y una abertura cubierta con una pesada cortina separaban el espacio de trabajo de su hogar. Un tercio del local quedaba detrás de la mampara que dejaba pasar la luz de la vidriera del local por su parte superior; allí estaba el pequeño comedor con su despojado confort: una mesa con cuatro sillas y un mueble bajo apoyado contra la pared cubierto en su frente con un telón de brocado beige. Pero el lugar albergaba una sorpresa: de la mampara se bajaba una cama matrimonial y dentro del mueble bajo se escondía un catre.

La casa de mi abuela no tenía ventanas y hasta hoy nunca me había dado cuenta de ello. Es casi impensado vivir bien y feliz en una casa sin ventanas; sin embargo, nunca me di cuenta de esto hasta hace unos días en los que, como dije al principio, no sé por qué motivo recordé el hogar de mis abuelos. ¿Por qué no lo noté antes? Porque mi abuela supo hacer de ese lugar sin luz un espacio luminoso. No así mi abuelo; a él lo recuerdo quejoso, protestón y enfermo y murió muy joven, a los 63 años.

Pero la Yaya era otro espíritu; nunca la oías quejarse, jamás la vi enferma hasta el final de su vida con más de 80 años.

Continuemos con su casa: una puerta conectaba con un reducto de metro y medio por metro y medio, sí, no más que eso. Allí estaba la cocina, que no tenía electrodomésticos normales porque no entraban. Había un anafe con dos hornallas y una heladera bajo mesada tan pequeña como un frigobar. Una pequeña pileta de loza blanca y una alacena colgante completaban el mobiliario del lugar y nada más, y tampoco aquí había ventana. En ese mismo espacio dos puertas llevaban: una, al baño, que me animo a decir no medía mucho más que el reducto de la cocina, con una pequeña bañera que tenía un rincón que oficiaba de bidet, un inodoro y un lavatorio del tamaño de una sartén y saben qué…, sin ventana.

La otra puerta conducía a la habitación de los abuelos, que obviamente, ya podrán imaginar, no tenía ventanas, pero sí una puerta que despertaba mi curiosidad porque conducía al hall del edificio. Esta pequeña casa tenía dos entradas, una por la vereda del frente y otra por la casa de departamentos. En el cuarto de mis abuelos había dos pequeñas camas de una plaza; yo siempre creí que mis abuelos dormían en camas separadas porque ya no harían el amor, pero ahora me doy cuenta de que en su dormitorio no entraba una cama matrimonial. Era largo y angosto, así que solo pudieron colocar dos camas, una a los pies de la otra. Quizá fue una ventaja y se apachuchaban en una de las pequeñas camas para hacerse arrumacos y luego irse extasiados cada uno a su lecho.

Vivir allí dos personas durante muchos años puede parecer asfixiante y ¿qué me dicen si en ese lugar viven seis? La casa se transformaba todos los veranos en nuestro lugar de vacaciones. Mis padres, mi hermana y yo íbamos a visitarlos y nos quedábamos allí.

Todas las noches la abuela bajaba la cama matrimonial escondida en la mampara y sacaba el catre del mueble del rincón y el comedor se transformaba en pocos minutos en nuestra habitación.

Antes de irme a dormir iba a la cama de mi abuela a que me contara historias; mi abuelo, siempre quejoso, protestaba desde su cama porque hablábamos fuerte y nos reíamos.

Pasábamos todo el día en la vereda jugando, en la playa o caminando por la feria de Tristán Narvaja para buscar revistas de historietas que nos entretuvieran durante la noche. No las comprábamos porque la abuela no tenía tanto dinero, las leíamos y al domingo siguiente las canjeábamos por otras, así todo el verano. Me encantaban los negros candomberos, el ritmo de sus timbales y caminar por las calles festivas en Carnaval. Mi abuela me hacía unos trajes de hawaiana con papel crepé y me pintaba con corcho quemado para estar a tono en los festejos de esta celebración pagana llena de color y alegría. También me entretenía haciéndoles vestidos a mis muñecas –ya en esa época mostraba mis dotes creativas y mi afición por el diseño de modas– con los trapos que le robaba a mi abuelo de su taller y que él juntaba para limpiarse sus manos engrasadas. Recuerdo divertirme también juntando con la Yaya cangrejos en la playa, los traíamos vivos en el trole en mi balde con un poco de agua; una noche un cangrejo se me escapó dentro de la casa y aunque era un espacio pequeño no logramos encontrarlo. En la madrugada el abuelo se levantó para ir al baño y ¡chan! lo aplastó.

Me encantaba ir a Uruguay a visitar a mis abuelos y, hasta anoche, nunca había caído en la cuenta de que su casa no tenía ventanas. Ni siquiera escuché hablar de ello a mis padres, tíos o a mi prima.

Seguramente mi abuela hubiera preferido vivir en una casa con una gran ventana, quizá mirando al Mediterráneo en Barcelona, su ciudad natal. Cuando visité España fui al barrio donde ellos vivían, cerca del Arco del Triunfo, pero el edificio ya no estaba y en su lugar había un estacionamiento al aire libre, ¡Qué ironía, su casa se había convertido en una gran ventana hacia el cielo de Barcelona!

Cada día que pasa me doy cuenta de que la *Apreciatividad* me acompañó a lo largo de mi vida muy de cerca y que muchos personajes significativos de mi historia me enseñaron *Apreciatividad* con sus comportamientos y actitudes. Yo, como lo hacemos todos, aprendí de ellos por imitación. También pasaron otras personas de las que aprendí comportamientos poco apreciativos con consecuencias nefastas para mi vida. Muchas veces me pregunto si me he dedicado a la *Apreciatividad* para continuar el camino de quienes me la inculcaban o como rebeldía ante quienes me alejaban de ella.

Hace poco leí algo que me pareció genial y que pocas veces tenemos presente. Si nos preguntan qué deseamos para nuestros hijos apuesto a que todos diremos: ¡que sean felices! Sin importar si son ingenieros, artistas o maestros, lo que queremos es que lo que elijan los conduzca a la felicidad. Solemos marcarles rumbos creyendo que conocemos el camino hacia su felicidad y lamentablemente muchas veces cometemos un gran error. Lo que no tenemos presente es que nuestros hijos y las personas significativas que nos rodean nos imitarán y aprenderán y construirán su vida repitiendo comportamientos. Deberíamos ser conscientes de ello si nos importa la felicidad de nuestros hijos. Si un padre o una madre son felices hay altísimas posibilidades de que sus hijos también lo sean, y no es porque les hayan indicado los pasos a seguir con sermones sino porque les mostraron el camino de la felicidad con sus propios comportamientos.

La *Apreciatividad* también se imita y si creemos que estas habilidades pueden hacer una diferencia en la vida de otros debemos abocarnos entonces a desarrollarla en nosotros; ese ha de ser nuestro principal objetivo, incrementar y mostrar en nuestro hacer diario el aprecio y la valoración hacia nosotros mismos, dar muestras de aprecio y valoración hacia quienes nos rodean y ser capaces cada día más de capturar los recursos y el potencial disponibles en el mundo a nuestro alrededor, dando los pasos necesarios para que ese potencial se vea manifestado. Cada vez que hagamos esto, cada vez que demos un nuevo salto en el desarrollo de nuestra propia *Apreciatividad,* habrá más personas apreciativas. Los discursos y explicaciones cumplen una función importante en la diseminación de esta filosofía de vida en espacios donde no se conoce, pero las palabras han de estar acompañadas de acciones que den credibilidad a lo que decimos. Todos conocemos e identificamos fácilmente a quienes nos quieren vender humo y no consumen de su propia medicina, y también percibimos a quienes cuando hablan de algo lo hacen con convicción y viven en consecuencia.

Mi abuela nunca me habló de *Apreciatividad* y nunca la escuché quejarse de su pequeña casa sin ventanas. Es más, no recuerdo muchas de sus palabras, pero sí tengo claras las imágenes de las experiencias compartidas que me mostraron que la *Apreciatividad* era evidentemente su filosofía de vida. Mientras escribo la recuerdo y soy consciente de cuánto la extraño y de cuánto me enseñó. Necesito secarme las lágrimas que ruedan por mi mejilla sentada al sol frente al canal de Puerto Madero.

¡Llegó el momento de la acción!

Darle la vuelta a la tortilla

El cristal con el que miramos la realidad nos permite incluir, excluir y enfatizar algunas cuestiones.

No hay una manera correcta de enmarcar, pero sí maneras que son más o menos funcionales para alcanzar nuestros objetivos.

Cambiar un marco por otro requiere más que un proceso racional para pasar de X a Z. Hace falta además la aceptación, por parte de la persona, del nuevo marco. Podemos racionalmente entender que un nuevo marco sería más funcional, pero si sentimentalmente y corporalmente no lo consentimos, no habrá entonces acciones diferentes.

Te invito a que te tomes unos minutos para ver y disfrutar el siguiente video en YouTube: "Los famosos le dan la vuelta a la tortilla".

Luego de verlo, anota el nombre de una persona que tú consideres que tiene mucha habilidad para cambiar sus marcos y encontrar nuevas maneras de observar las circunstancias y así avanzar eficazmente en su vida. Alguien a quien tú admires por esta gran capacidad de "darle la vuelta a la tortilla" y no quedarse rumiando y embarrado en pensamientos limitantes.

Te propongo que pienses en una situación en la que sientes que estás frenado y no puedes fluir y avanzar eficazmente hacia tus objetivos y te hagas las siguientes preguntas:

Si ....
(nombre de la persona que admiras), estuviera en esta situación):

¿Qué vuelta le daría a esta tortilla?
¿Qué nueva manera encontraría para observar este escenario?
¿Qué parte del potencial oculto se le develaría?

....

....

....

¿Qué nuevos descubrimientos sobre tu situación actual te dejó mirar con los anteojos de…....................

.................…. (nombre de la persona que admiras)?

....

....

....

Ahora que seguramente encontraste nuevos recursos y opciones es hora de pasar a la acción. No te relajes y descanses en estos hallazgos, busca maneras de ponerlos a producir y crear abundancia.
Un pequeño acto suele hacer una enorme diferencia.

❖ **Recuerda: explorar, descubrir, valorar y expandir.**
¡Hazlo crecer!

Preguntas reflexivas

> ¿Qué aprendizajes y descubrimientos encuentras en esta experiencia?

> ¿Qué beneficios te deja esta práctica? ¿Cuáles a quienes te rodean?

> ¿Qué emociones y sentimientos reconoces en ti en este momento?

> ➤ ¿Sientes que esta práctica te ayuda a crecer? Si es así, ¿en qué y para qué te es útil este crecimiento?
> ➤ ¿Percibes algún cambio en tus ideas anteriores luego de hacer este ejercicio? De ser así, ¿cuáles?

Capítulo 9

Envases y bienestar

Cuando tenía veinte años la empresa en la que trabajaba mi padre desde que yo era muy pequeña necesitaba una recepcionista y su presidente, Carlos Villaverde, que me conocía de chica, me propuso para ese puesto. Aún hoy recuerdo aquella cena familiar en su casa cuando me hizo el ofrecimiento.

El 1 de noviembre de 1983 fue mi primer día de trabajo en Bolsas Industriales Álamo. De allí hasta el día de hoy el mundo de los envases, especialmente el de las bolsas industriales, se convirtió en mi *ikigai*. ¿Qué es *ikigai*? Es una palabra japonesa que significa *iki* (vida, vivir, algo vivo) y *gai* (lo que vale la pena, resultado, fruto) y cuando juntamos ambas lo que queda es: *Lo que vale la pena vivir, nuestro propósito en la vida.*

Comencé como recepcionista y con el tiempo pasé al departamento de ventas, luego me interesé por el mundo del diseño, me formé en ello y creé el departamento que se ocupa de ofrecer el servicio de ayudar a nuestros clientes en la definición del arte de sus envases. Podíamos diseñar algo de la nada o tomar lo que el cliente tenía y mejorarlo. Yo era un nexo que unía el deseo y las necesidades del comprador con las posibilidades técnicas disponibles para dar como resultado el mejor producto.

Más tarde llegó la calidad total y creé el departamento que se ocupó de certificar a la empresa en las normas ISO9000 y nos introdujo en el mundo de los procesos y la mejora continua.

Luego fui incorporando poco a poco mis saberes como coach y más tarde todos mis conocimientos en *Apreciatividad* fueron también introduciéndose en mi hacer diario, especialmente en mi rol de líder del departamento de calidad donde dimos un vuelco muy importante en la filosofía del trabajo. Dejamos de mirar los problemas y la búsqueda de sus soluciones y culpables, y de trabajar para cumplir con lo que las certificaciones pedían, para pasar a trabajar para nosotros, es decir, nos corrimos de trabajar para mantener la certificación y nos dedicamos a trabajar para transformarnos y mejorarnos, porque eso era lo que en definitiva queríamos y nos hacía felices. Los años anteriores habíamos utilizado la filosofía *kaisen*, que significa en japonés proponer una pequeña mejora diaria, un cambio para mejor, pero siempre lo habíamos hecho enfocados en reparar lo que estaba mal. Poco a poco fuimos pasando a dos de los puntos que el *kaisen* ha sumado hace poco tiempo a su tradicional modelo de las 5S: uno es el desafío, salir de la zona de confort, y otro es el *Genchi genbutsu*, ver y observar por uno mismo. Entonces comenzamos a mirar por fuera de los problemas y a ocuparnos de hacer crecer más el potencial que a reparar lo que no funcionaba, y mientras lo hacíamos íbamos viendo y observando los resultados por nosotros mismos y ajustando en el camino.

Pasé casi cuarenta años en el mundo de los envases y más de quince vividos desde la mirada apreciativa; no obstante, debió pasar mucha agua bajo el puente hasta que ambos mundos se fusionaran.

En principio, cuando la *Apreciatividad* comenzó a tomar más protagonismo en mi vida profesional yo vivía en dos mundos, tenía dos *ikigai* paralelos. A veces uno tomaba más protagonismo que el otro, pero ambos convivían en mi vida diaria, aunque siempre lo hacían por separado. Es decir, cuando estaba en mi rol de diseñadora de envases la *Apreciatividad* aparecía tangencialmente, y cuando estaba en mi rol de consultora los envases solo asomaban en alguna anécdota que contaba en mis talleres, aunque lo hacía muy poco porque solía esconder mi otro amor pues creía que perdería credibilidad ante el público si se sabía que parte de mi tiempo estaba dedicado a una actividad aparentemente tan disímil. Pensaba que dirían: "¿Te dedicas a la *Apreciatividad* o te dedicas a los envases? Porque si haces ambas cosas entonces es probable que no seas buena en ninguna". Fue un pésimo error sostener estas ideas que me trajeron mucho sufrimiento e incomodidad. En lugar de sentirme orgullosa del camino recorrido y de hablar con alegría a mis clientes de la consultora sobre mis logros en el mundo de los envases o de hablar de mis avances en *Apreciatividad* en la empresa de packaging, lo vivía como una infidelidad.

En los amores profesionales no es como ocurre en la vida de pareja (salvo que esto esté consensuado entre ambos involucrados); tener dos amores siempre suma, y más aún si logramos hacer que se complementen. Esto no es una infidelidad, sino todo lo contrario, es una fidelidad a nosotros mismos y nuestros *ikigai*, es decir, a nuestros diferentes propósitos y caminos con los que nos sentimos satisfechos y bien en la vida y, fundamentalmente, fieles a lo que nos hace felices.

Esto funciona mejor cuando somos capaces de hacer que ambos mundos se retroalimenten y para ello el primer paso es romper las barreras culturales que muchas veces nos impiden aceptar que nuestros deseos y aspiraciones pueden ir por dos vías aparentemente diferentes. Y cuando nos damos cuenta de ello y miramos con más detalle nuestros comportamientos y actitudes en cada una de estas áreas podemos advertir que hay entre ellas muchos más puntos en común de lo que creíamos.

Por ejemplo, diseñar el arte de un envase no es muy distinto de las competencias y habilidades que se necesitan para diseñar un taller de *Apreciatividad*.

Las habilidades para captar la idea de un cliente y entender el envase que tiene en su cabeza no son muy diferentes a las que se necesitan para entender con más profundidad a las personas y conocer su lado más brillante.

También es interesante advertir que ambos mundos pueden permanecer separados en sus espacios físicos; por ejemplo, uno ocurre en determinada oficina y otro en una diferente, pero yo soy solo una persona y mis conocimientos vienen conmigo donde voy, aunque a veces trate de reprimirlos.

En un espacio yo hablo con léxico de diseñadora y aplico otro diferente en mi rol de consultora y facilitadora. En uno hablo de pixeles, tipografías y pantones, y en otro de felicidad, escucha y aprecio; sin embargo, cuando miro ambos mundos, en cada uno de ellos encuentro la impronta del otro.

Por ejemplo, los *Power Point* que utilizo en mis clases y entrenamientos en *Apreciatividad* suelen distinguirse por la calidad de sus imágenes y tipografías y también por sus detalles de diseño; algo que está muy claro son habilidades adquiridas en mi otra profesión.

Cuando converso en una reunión de calidad es obvio que las palabras que utilizo o las preguntas que hago tienen su origen en la mirada apreciativa.

Vivir estos mundos como entidades separadas, e incluso creer que entre ambos no hay posibilidad de conexión, es perderse la oportunidad de nutrirlos y desarrollarlos. Una mirada disruptiva que permita unir ambos mundos puede dar origen a resultados impensados.

Qué pueden enseñarnos los envases sobre bienestar y felicidad es un ejemplo de ello.

Durante la pandemia, Bolsas Industriales Álamo dejó de entregar los regalos de fin de año a sus clientes por la complejidad de la logística. Uno de los sentidos de hacer obsequios era acercarnos a los clientes de manera diferente al resto del año, fuera de las visitas tradicionales de trabajo. El único objetivo de la visita era la salutación de cierre de año para con ello generar mayor cercanía y fidelización con nuestros clientes.

Si bien yo ya pude revertir algunas de mis ideas erróneas sobre tener dos *ikigai* en apariencia distintos e incompatibles, no había podido hasta el momento dar el salto de juntar ambas pasiones en un producto concreto.

Sí había hecho algunos pequeños avances. Por ejemplo, ahora, cuando me presentaban en un Congreso, o yo lo hacía en un taller, mi profesión en el campo de los envases aparecía en mi CV y también, cuando iba a las reuniones de la empresa de envases, hablaba o mostraba mi libro; incluso regalé a varias personas de la empresa un ejemplar de la primera edición.

Había algunos destellos que mostraban cómo ambos mundos se habían ido enriqueciendo uno con el otro, pero una unión clara y concreta de enaltecimiento y fusión aún no se había manifestado.

Un día, no sé cómo ni por qué, sentí que envases y bienestar maridaban bien y que su unión podía dar origen a algo nuevo y diferente que resultara útil en ambos mundos.

¿Cómo es que pasaron tantos años para que esto ocurriera? ¿Qué es lo que hizo que apareciera este eureka? ¿Qué conversaciones conmigo y con otros fueron necesarias para este descubrimiento? ¿Cómo sucede que un día somos capaces de capturar el potencial del presente e imaginar con él nuevas y mejores realidades?

El Dr. David Eagleman dice:

En el proceso creativo todo se trata de las entradas. Mientras más abundantes y amplias sean más tendrá el cerebro para jugar. El cerebro humano le debe su éxito a que una entrada no para de chocarse con otras entradas, sonidos, colores, conversaciones. Todo el día entran en nuestro cerebro nuevas cosas que se combinan con lo que ya está en él.

Esta podría ser la respuesta. Mezclamos en nuestro cerebro lo nuevo, lo viejo, los recuerdos y las emociones, y esta materia prima pasa por diferentes procesos de mezcla y transformación que dan lugar a la reconversión de lo que ya existe. Lo nuevo no sale de un big bang sino del choque entre lo que otros ya hicieron y que nosotros hemos dejado entrar en nuestro cerebro, dándole una nueva impronta. No generamos a partir de la nada sino del potencial que ya existe.

Esta conexión entre envases y *Apreciatividad* se demoró unos diez años en aparecer en mi mente como una posibilidad concreta. Durante este tiempo debe haber habido muchos choques entre mis conocimientos de envases y los de *Apreciatividad*, y un día tal vez mi cerebro, cansado de lo viejo y conocido, fue en busca de la novedad y empujó lo familiar al límite de lo raro y diferente. Lo que parece haberme llevado muchos años puede no serlo, comparado con el tiempo en que los seres humanos nos demoramos en dar a luz otros inventos, por ejemplo, la valija con ruedas.

Hay un video que me encanta porque cuenta esta historia de manera muy divertida. La rueda existe desde hace más de 4500 años y en el siglo XIX aparecieron las primeras maletas de viaje; sin embargo, la maleta con ruedas aparece por primera vez en 1970. Tardamos más de 4000 años en darnos cuenta de que las ruedas y las maletas hermanaban bien. En el video se dice que en 1969 la tripulación del Apolo 11, constituida por el comandante de la misión Neil A. Armstrong, Edwin E. Aldrin Jr., y Michael Collins, subieron al cohete con el "macuto en vilo", es decir, cargando el bolso.

¡Fuimos capaces de ir a la Luna antes de inventar la maleta con ruedas! Algo que parece insólito. Las maletas y las ruedas estaban allí delante de nuestras narices y sin embargo no fuimos capaces de ver y conectar este potencial.

Hoy, con el diario del lunes, es decir, con el producto terminado y probado, parece tan obvia la conexión entre ruedas y maletas como la que hay entre envases y

Apreciatividad, bienestar y felicidad que no puedo entender: ¡cómo es que esto no se me ocurrió antes!

Una mañana llegué a mi oficina de Bolsas Industriales Álamo y me acerqué a Agustín, uno de los directores de la empresa, quien es además el responsable del área comercial y le dije:

—Tengo una idea.

Él estaba sentado frente a su escritorio trabajando en su notebook, levantó sus ojos de la pantalla y me miró con cara de curiosidad, como diciendo ¿de qué se trata?, y continué:

—¿Qué pasa si este año le regalamos a los principales clientes una conferencia sobre envases y felicidad?

Me miró extrañado, como no entendiendo de dónde había surgido semejante cosa.

—Nosotros siempre hacemos regalos con el objetivo de fidelizar a nuestros clientes, no solo porque nuestros obsequios son buenos sino porque los llevamos en mano y saludamos personalmente a cada uno de ellos, lo que genera vínculo y cercanía. Pero desde hace dos años y por la pandemia dejamos de hacerlo.

—Es cierto —me respondió.

—Además, el recurso de los regalos es limitado, solo lo recibe una persona, a los sumo tres. El comprador y jefes de planta, por ejemplo. Pero si damos una conferencia podemos hacerlo con todos aquellos que tienen contacto con nuestros envases, ¡con los verdaderos usuarios para los que somos ilustres desconocidos!

—¿Y cómo sería eso?

—Yo puedo preparar una conferencia sobre envases y bienestar —duraría noventa minutos— y ofrecerles a nuestros principales clientes la posibilidad de acercarla a su gente como un regalo de fin de año, que no solo genere interés y una mirada más consciente hacia el valor de nuestros envases, sino que además proponga un espacio de motivación e inspiración para el próximo año.

—Ok, probemos —me respondió.

Puse manos a la obra y comencé a investigar con mayor profundidad temas de packaging, especialmente aquellos que no eran de mi especialidad, y empecé a descubrir conexiones increíbles con la *Apreciatividad*.

El tema de las etiquetas fue una de ellas. Muchos envases llevan etiquetas, algo que nos parece muy eficaz por temas de productividad; hay datos que no es posible que estén pre impresos en el envase y se colocan en la línea de producción (fechas de vencimiento, fecha de elaboración, lote, etcétera). Hay otros cuyos materiales son complejos de imprimir como, por ejemplo, una botella de cerveza o un frasco de mermelada y el etiquetado es una gran opción. Etiquetar envases es una práctica tan habitual como etiquetar personas; sin embargo, lo que es útil en el mundo del packaging puede no serlo siempre en el mundo de lo humano. Etiquetar es humano y no solo no podemos dejar de hacerlo, sino que hacerlo es bueno ya que nos permite tomar decisiones y avanzar hacia el futuro. El problema es que la mayoría de nuestras etiquetas "son impresas" en nuestra mente de manera automática a partir de ciertos datos y creencias que no solemos revisar y, además, somos muy poco conscientes del impacto que las etiquetas generan en la vida de otros. Una etiqueta de "poco inteligente" o de "irresponsable" puede reducir significativamente el florecimiento del potencial de una persona.

Podemos comprobar el efecto de las etiquetas a través de cuánto nos acerquemos o alejemos de ciertas cosas. Por ejemplo, los trajes amarillos no tienen cabida en un teatro; el número 13, aunque algunos lo consideren bueno, para la mayoría no lo es y hasta se ha quitado de asientos de avión y pisos de edificios. Para algunas personas una pecera dentro de la casa, los cactus y los gatos negros no traen buenas energías; por lo tanto, esta creencia imprime una "etiqueta" que determina qué tipo de relación y espacio damos a estas cosas a la hora de expandir su potencial. Por ejemplo, cuando miramos los vestuarios de una obra de teatro vemos que son otros colores y no el amarillo los que predominan y en los que los diseñadores han puesto mayor creatividad. Algunos dirán que no es por su "etiqueta de mala suerte en el teatro" y tendrán otras explicaciones que lo justifiquen, tal vez la tonalidad de piel de la actriz o quizá la temática de la obra. Lo cierto es que, en parte, la etiqueta ha sido la que le quitó su presencia en los escenarios, así como otras etiquetas son también responsables de dejar fuera de los escenarios a potenciales buenos actores. Vivimos etiquetando y lo hacemos de manera transparente, creyendo que son verdades inamovibles; sin embargo, nuestros niveles de bienestar y felicidad están claramente impresos en las etiquetas que colocamos.

En packaging existe lo que se conoce como un envase genérico, es decir, un envase que tiene los datos comunes a toda la línea (peso, marca, dirección, origen, etcétera) y que luego, generalmente en un recuadro para este fin, se coloca un rótulo con los datos propios de cada producto en particular (denominación, ingredientes, instrucciones de uso, números de certificados, etcétera). Esto muchas veces se hace para ahorrar dinero, ya que en algunos casos las cantidades que se necesitan de un producto no justifican el costo de poner la máquina en marcha.

Nosotros, cuando miramos personas identificamos datos genéricos comunes con lo humano (sabemos que no se trata de un perro o de un gato) y luego, tal cual las empresas lo hacen para identificar sus productos, colocamos etiquetas para saber cuál es el contenido y establecer un marco para tomar decisiones. Estas etiquetas estarán basadas en el cristal a través del cual nosotros observamos la realidad, es decir, nuestros propios modelos mentales, estereotipos y creencias. Y esto involucra procesos de inclusión, exclusión y énfasis. Es decir, habrá datos en las etiquetas, tal cual en los envases, que estarán y otros que no, y también habrá algunos resaltados en "negrita" o en un tamaño mayor. Por ejemplo, es muy común que en los envases resaltemos en las etiquetas las bondades del producto, por ejemplo, 0% de azúcar agregada, y que en letra pequeña diga 6% de azúcar. En verdad no están mintiendo porque azúcar agregada no tiene, aunque sí contiene la propia de alguno de sus ingredientes, como por ejemplo la de un jugo de naranja natural. Resaltar algo y minimizar otros componentes es muy común en el mundo del packaging y, a diferencia de lo que comúnmente hacemos las personas, salvo cuando estamos enamorados o muy optimistas, mientras los envases ponen énfasis en lo positivo nosotros solemos poner más énfasis en lo negativo y en lo que no funciona. En general, ¡no solo lo resaltamos en negrita sino con luces de neón!

Muchas veces, en nuestro afán de ahorrar tiempo, etiquetamos demasiado rápido, porque creemos que el costo de tiempo y esfuerzo de poner en acción "nuestra máquina indagativa" necesaria para conocer más y en profundidad a otro es demasiado alto para la velocidad e inmediatez con la que vivimos.

Las palabras también son un tema común entre los envases y nuestro bienestar. Uno de los errores más habituales y prácticamente insubsanable en un envase es un error de texto. Una vez impreso la única solución posible es taparlo con una etiqueta, algo que muy pocas veces es viable, lo que implica pérdida total y la necesidad de volver a fabricar. En la vida, un error en nuestras palabras suele pagarse caro y algunas veces subsanamos el error con parches que en definitiva siempre se notan. Debemos ser impecables en el uso del lenguaje; las palabras no son inocentes ni para los envases ni para nuestra felicidad y podemos pagar precios muy caros si no somos conscientes del poder del lenguaje. Su buen uso hace de un envase un mejor vendedor silencioso y en una persona alguien más feliz y con relaciones más saludables.

Todas estas ideas fueron llenando las paredes de mi estudio (hace un tiempo las pinté con pintura de pizarra blanca para poder tener mis ideas visibles todo el tiempo y ¡es genial!). A medida que pasaban los días las paredes se iban llenando de datos y tips, algunos más locos que otros, y fueron dando lugar al primer borrador de la conferencia.

Mientras iba preparando el contenido de la ponencia decidí averiguar qué decían los clientes sobre esta propuesta. Yo apostaba a que les gustaría, pero en verdad no tenía ninguna certeza.

Obvio que busqué primero a aquellos que creí estaban más abiertos a estas temáticas y con quienes tenía un cierto vínculo de cercanía.

Primero llamé por teléfono a Micaela, de Pop Company, y le conté mi idea; ella me conocía porque yo había diseñado muchos de los envases de su empresa a lo largo de los casi veinte años que llevaban como clientes de Bolsas Industriales Álamo, y también sabía de mi transformación y formación como coach porque habíamos conversado de ello en algunas oportunidades.

Le conté de qué se trataba y rápidamente me dijo que le encantaba la idea. Me comentó, además, que cada vez que recibía nuestros regalos sentía una cierta incomodidad por aquellos que quedaban fuera, así que esto le parecía un buen modo para que todos recibieran un presente. Quedó en conversarlo con el resto de su equipo y me daría una respuesta. Cuando corté supe que algo bueno iba a pasar.

Probé luego ofrecerlo a un cliente que solo me conocía por mi rol en Bolsas Industriales Álamo y no tenía ni idea de mi otra pasión.

Para mi sorpresa Priscila se sintió muy atraída con la idea. Yo no lo sabía, pero ella en su vida diaria ya tenía prácticas y seguía páginas en las redes con temas afines porque le gustaban mucho, así que mostró una gran disposición a presentar el proyecto en su empresa. Era obvio que sería buena vendiéndolo; no obstante, para ayudarla le envié una presentación en Power Point que había preparado y que podía compartir con otros. En veinticuatro horas tenía su respuesta: *Sí, queremos.*

Estaba sorprendida ante la buena repercusión de la oferta, había algo que yo estaba haciendo bien en el momento de venderla. Me di cuenta de que nadie se puede resistir cuando les hablamos desde nuestras pasiones. Podrán gustarles o no, estar o no de acuerdo, pero cuando nuestro producto es bueno lo que aumenta sus posibilidades de que alguien lo compre es la pasión con la que contamos de qué se trata. Supe que nadie dentro de Álamo podía venderlo mejor que yo; mi amor por los envases y mi convencimiento en el valor de la *Apreciatividad* hacían muy convincente la propuesta y generaba una gran confianza en el resultado.

Luego llegó el día en que la gente de Pop Argentina, uno de nuestros principales clientes, se acercó a hacer una auditoría de calidad y en un momento de nuestro almuerzo, en el que surgió una charla distendida, les hablé a Ana y Olga sobre el proyecto. Tenía un libro en mi auto y se lo regalé a una de ellas. Ambas eran del área de calidad y no eran las que tomaban este tipo de decisiones, pero tal cual había sentido con el cliente anterior, ellas estaban tan entusiasmadas con la idea que sabrían venderla en su empresa.

A la semana me pidieron una reunión con el Jefe de Producción y con el responsable de RRHH para contarles en detalle el proyecto. Este cliente no solo aceptó la propuesta, sino que le dio tanto valor que decidió sumarla a su fiesta de cierre de año.

Primero Corteva, luego Pop Company y por último Pop Argentina.

Todas las encuestas post evento dieron un alto grado de satisfacción con lo recibido, pero lo más importante fue que cuando les preguntamos en la encuesta si creían que este tipo de actividades generaban mayor cercanía entre ellos y nosotros, el 93% de las respuestas fueron ¡afirmativas!

Habíamos logrado fidelizar aún más a nuestros clientes y no solo a quienes tomaban decisiones concretas sobre Ála elección de los proveedores, sino también a aquellas personas que utilizaban a diario nuestros envases y que secretamente, para nosotros, apoyaban o no su uso, dependiendo de muchas variables como practicidad, facilidad de uso, etcétera.

Además, estábamos haciendo una gran contribución acercando herramientas que permitían a las personas aumentar su bienestar y felicidad, es decir, hacíamos un trabajo social muy importante que impactaba no solo en la vida laboral de las personas. Estábamos ayudando a crear un mundo más apreciativo porque estas personas aplicarían lo aprendido en el ámbito laboral, y también lo llevarían a sus casas para compartir con sus familias y amigos, lo que generaría un crecimiento exponencial.

De hecho, la pregunta de si creían que lo visto podía serles útil en su vida personal también recibió una puntuación de más del 95% de afirmaciones.

He aquí una historia más de mi vida donde la *Apreciatividad* se hizo presente, y no me refiero al contenido del producto sino al modo en que este producto surgió.

Los envases y la *Apreciatividad* estaban en mi vida y andaban por caminos separados. Ambos formaban parte de mi ikigai; por lo tanto, tenían mucho valor para mí. Sin embargo, durante mucho tiempo no pude construir algo más grande con este potencial existente. Estaban ahí, tal cual las maletas y las ruedas, pero no fui capaz de imaginar un mejor futuro con ellos hasta muchos años después.

Es cierto que hay momentos históricos que muchas veces hacen falta para que una idea prospere. Antiguamente, eran los hombres quienes cargaban las maletas y las mujeres no solían viajar solas. Cargar la maleta era un acto de caballerosidad y una muestra de fuerza y hombría, por lo que ponerse a fabricar maletas con ruedas en ese momento histórico podría haber sido un fracaso.

Pero aun con momentos históricos propicios muchas ideas quedan solo en la imaginación de alguien por no poder liberar nuestra mente de creencias y conceptos erróneos que impiden su manifestación. Personalmente, creo que debemos estar atentos a ellos porque es allí donde sí tenemos el poder de producir cambios que habiliten la salida al mundo de grandes ideas. Nacemos en un momento histórico, y aunque tenemos la posibilidad de influir en su futuro, esto muchas veces lleva años o siglos y puede que no seamos nosotros quienes veamos esos cambios y sean nuestros nietos quienes los disfruten. Y mientras tanto, ¿qué? ¿Me quejo? ¿Protesto? ¿Me lamento? ¿Me resigno por haber nacido en una época equivocada con ideas muy de avanzada? Mientras tanto, quito de mi mente la maleza que no deja salir lo mejor de mí porque si hay algo maravilloso en el ser humano es que vivimos en el recuerdo de otros y esa posibilidad de trascender, de dejar un mundo mejor con nuestro paso por esta tierra es lo que en parte le da sentido a nuestro viaje y lo hace asombroso, que no es lo mismo que perfecto, como algunos creerían que sería de haber nacido en el momento histórico apropiado.

Hasta que no fui capaz de contar quién era sin esconder una parte mía y pude mostrarme tal cual soy sin querer parecer perfecta, no apareció la conexión entre envases y *Apreciatividad*.

Crecí en un mundo donde las personas nacían ingenieros y morían ingenieros. Mi abuelo había sido reconocido por su profesión de comprador de hacienda y recibió su medalla de oro por sus 25 años en la CAP. Yo nací en una época de la historia donde estudiabas, trabajabas y te jubilabas de la misma profesión y de ser posible en la misma empresa. Recibir tu reloj o medalla de oro era una aspiración de muchos.

Me había criado en ese mundo, tenía sentido que yo creyera que una persona no puede ser buena si se dedica a dos cosas distintas en su vida y al mismo tiempo.

El momento histórico está cambiando, pero aún hay mucho de lo viejo presente y tironeando; fue muy útil cambiar mis creencias y no sentarme a esperar a que el mundo fuera perfecto para que mis ideas encajaran de movida.

Tanto en algunas de las áreas de la empresa de packaging como en muchos de los clientes el momento histórico que vivían no fue el indicado y las cosas no encajaron aún, y quizá nunca encajen, pero puedo decir algo que para mí consolida la satisfacción que sentiré al final de mi vida: ¡Lo hice! Como dice Yoda en *La guerra de las galaxias*: "¡No! No lo intentes. Hazlo o no lo hagas, pero no lo intentes". Hacer el esfuerzo y dar los pasos necesarios para realizar algo o lograr cierto objetivo o fin, sin tener la certeza absoluta de conseguirlo.

De hecho, mis viejas creencias no eran tan ilógicas. En uno de los eventos donde fui me dijeron:

—No fue fácil vender la idea al director, él nos dijo: "suena raro que alguien que diseña envases pueda ser además experto en felicidad". ¡Dudaba de la calidad de la conferencia! —me dijo su asistente. Me reí y respondí:

—Está muy bien que haya dudado, no es muy habitual escuchar esto. ¡Incluso yo he dudado de mí mucho tiempo!

Esta historia me deja grandes aprendizajes. Uno de ellos es que por mucho que lleve años practicando mis habilidades apreciativas nunca llegaré a ser 100% apreciativa y es muy bueno que así sea y no debo preocuparme por ello. No quiero ser una ingenua de anteojos rosas, quiero tener una *Apreciatividad* inteligente. Y eso se construye cada día alimentando y haciendo crecer un poco más esta habilidad. "Más que ayer y menos que mañana", como alguna vez le escuché decir al escritor y psicólogo Bernardo Stamateas.

Me volverá a pasar. Volveré a descubrir tardíamente potenciales que estaban frente a mis narices sin ser vistos durante mucho tiempo, y lo que es peor, habrá mucho potencial que nunca veré y por lo tanto nunca podré hacer crecer y crear con ello algo mejor para el mundo. Soy humana. Pero si cada día puedo capturar un poco más de potencial de ayer y hacer las conexiones necesarias que lo hagan crecer, entonces eso ¡ya será un montón!

¿Cuántas personas se beneficiaron con la maleta con ruedas? ¿Cuántos dolores de espalda se han ahorrado? Algo difícil de estimar, pero es más que de no haber existido.

¿Cuántas personas se beneficiaron con la conferencia de *Envases y Apreciatividad*? ¿Cuánto más bienestar sumó al mundo? Algo difícil de estimar, pero es más que de no haber existido. ¡Es un montón!

En el mundo de los sueños podemos hacer toda clase de cosas y algunas de ellas, que comienzan así, como algo loco, con esfuerzo, perseverancia y pasión se vuelven una realidad concreta. La diseñadora Paula Scher dice que las mejores ideas se le han ocurrido en el taxi mientras estaba atascada en el tráfico. Deja que su subconsciente se apodere de ella y así asocia libremente. "Hay que estar en un estado lúdico para diseñar; si no lo estás, no puedes crear nada".

Ser capaces de ver y distinguir el potencial del presente, imaginar e idear con ello nuevas conexiones y futuros, y ser capaces de llevar adelante las acciones necesarias para que ese potencial se manifieste es para mí la principal causa de muchos de los milagros de la existencia humana.

¡Llegó el momento de la acción!

Haciendo visible lo valioso

Te propongo que enumeres, en la columna 1, todas aquellas cuestiones que consideres valiosas y preciadas en tu vida, ya sean materiales o intangibles, pero que habitualmente no agradeces disponer de ellas por haberte habituado a su presencia y, en la columna 2, todas aquellas que te brinda la vida, que consideras valiosas y preciadas, pero que, debido a la comparación social, las desvalorizas.

Columna 1	Columna 2
Ejemplo: la ducha tibia	Ejemplo: mi casa

Recuerda que esta lista es para ti y no es necesario que la compartas. Cuanto mayor sea tu sinceridad en las respuestas, más revelador y auténtico será el resultado del ejercicio.

Puedes iniciar esta lista hoy e ir agregando todo lo que vayas descubriendo en los días posteriores.

A la semana siguiente retoma la lista, léela y selecciona las dos opciones que consideres más valiosas y preciadas en este momento de tu vida y que crees que, si las trajeras a tu conciencia más a menudo, tendrían un impacto positivo en tu bienestar y tu futuro.

Anótalas aquí:

1. ....

2. ....

Ahora es el momento de expandir, recuerda que apreciar es solo una de las partes de la *Apreciatividad* y necesita además de la acción.

Anota aquí debajo los beneficios que tendría para tu vida expandir estas dos opciones preciadas que ya tienes y que has resaltado:

1. ....

2 ....

¿De qué modo estos hallazgos pueden ayudarte a construir un mejor futuro?

¿Hay alguna idea nueva que puedes poner en práctica y experimentar?

> ❖ **Recuerda: explorar, descubrir, valorar y expandir.
> ¡Hazlo crecer!**

Preguntas reflexivas

> ➤ ¿Qué aprendizajes y descubrimientos encuentras en esta experiencia?
>
> ➤ ¿Qué beneficios te deja esta práctica? ¿Cuáles a quienes te rodean?
>
> ➤ ¿Qué emociones y sentimientos reconoces en ti en este momento?
>
> ➤ ¿Sientes que esta práctica te ayuda a crecer? Si es así, ¿en qué y para qué te es útil este crecimiento?
>
> ➤ ¿Percibes algún cambio en tus ideas anteriores luego de hacer este ejercicio? De ser así, ¿cuáles?

Capítulo 10

La desnudez interior

Hace algunos años juego a decir que mi trabajo es ilegal, algo que deja a las personas mirándome con asombro y esperando una explicación. Entonces digo que es así porque cobro por algo que haría igual, aunque no me pagaran. Amo y disfruto de mi trabajo que me permitió conocer lugares y personas maravillosas. Muchas veces me han pagado por dar talleres y conferencias en lugares paradisíacos. Me hospedé en hoteles donde me trataron como a una reina y me llevaron a deleitarme con la mejor gastronomía del lugar. Me siento una privilegiada. Además, voy a lugares a los que tal vez la vida nunca me hubiera llevado de no ser por esta estupenda actividad. A veces creo que las experiencias de mi trabajo han puesto a prueba mi *Apreciatividad*; siento una vocecita que me susurra al oído: "¡Cuánta belleza aprendiste a percibir y capturar! ¿Ya sabes disfrutar de las bondades que te regala la vida?".

Hace unos años el lugar fue Venezuela. Me invitaron a dar una charla en un encuentro sobre Innovación y Liderazgo en la ciudad de Caracas. Desde hacía varios años el país ya se encontraba envuelto en sucesivas revueltas sociales y políticas que hoy conocemos y que tanto dolor traen al pueblo venezolano. Me aventuré a ir y fui sola, algo que hizo que mi viaje requiriera de más cuidados.

Indagué cuáles eran los lugares más interesantes que podía visitar y encontré dos que llamaron mucho mi atención. Uno de ellos era el Parque Nacional Los Roques, un archipiélago que agrupa un conjunto de islas y cayos en las Antillas menores situado a 176 km al norte de la ciudad de Caracas.

Otro, el Salto del Ángel, la cascada de agua más alta del mundo, con 807 metros de caída ininterrumpida, localizada en el Parque Nacional Canaima y que fuera declarada Patrimonio de la Humanidad por la UNESCO en 1994. Cuando le comenté a un venezolano que iría a visitar la cascada me dijo:

—Es el lugar donde las hadas y los ángeles vienen a jugar.

Una semana después, al llegar a lugar, supe a qué se refería.

Luego de tres días de reuniones y mi conferencia en Caracas cambié el traje y los tacos aguja por las zapatillas y los shorts. Primera parada, Los Roques: gran aventura en el aeropuerto cuando vi el avión al que debía subir. Era solo para diez pasajeros y su aspecto se veía precario. No apto para claustrofóbicos: cinco filas de asientos como si viajáramos en un trencito de parque de diversiones.

Luego de un amigable vuelo de cuarenta minutos sobrevolando el mar llegué a Los Roques. Sus casas de vivos colores de frente plano eran tan pulcras y pequeñas que no parecían reales; tenían el aspecto de una escenografía de película, como si al abrir la puerta uno descubriera con sorpresa que se trataba de una marquesina.

Llegué a Bekere, la posada. Descansé y me dispuse a cenar temprano en su restaurant. ¡Realmente era un lugar en el mundo! Luz tenue, pocas mesas, colores cálidos y música suave. Detrás de la barra estaba Doña Carmen, la cocinera, con su delantal de flores, una mujer de unos sesenta años. Se reía y conversaba con los comensales y ella misma daba el visto bueno a cada plato antes de que fueran llevados a la mesa. Creo que García Márquez la hubiera transformado rápidamente en un personaje inolvidable de alguna de sus novelas.

En la pared delante de mi mesa había un enorme mural que ocupaba todo el espacio. Se trataba de tres mujeres talladas en madera oscura. Sus trajes estaban pintados de vivos colores: rojo, verde, amarillo y diferentes tonos de azul mar convivían en esta obra. La figura de la derecha llevaba fruta en sus manos, la de la izquierda sostenía varios pescados y la del centro estaba adornada con un copioso ramo de flores amarillas de largos tallos. Abrí mi libreta y me dispuse a escribir sobre mi viaje mientras esperaba que llegue mi sopa. Ese mural me inspiraba. La figura del centro y sus flores parecían decirme que no solo de frutas y pescados vivimos y que con flores la vida sabe mejor. Las mesas contiguas estaban repletas de turistas y el francés parecía ser el idioma predominante.

En la mesa ubicada a mi derecha cenaban cuatro personas: tres hombres y una mujer; hablaban en francés, pero uno de ellos tenía acento venezolano. Mientras escribía me sentí algo observada por ellos, tanto que escribí en mi bitácora: ¿Creerán que soy escritora y les da curiosidad saber si los incluiré en una novela?… Tal vez.

De pronto se cortó la luz y lo que podría haber sido un problema le dio más entonación al lugar con la iluminación de las velas. La sopa llegó a mi mesa, su textura suave y algo de picante la hacían especial; apuesto a que su preparación sería uno de los grandes secretos de Carmen. Carne a la cacerola con guacamole y el infaltable arroz del Caribe fue el segundo plato y de remate una exquisita torta húmeda de chocolate. Mientras mi cuerpo disfrutaba estos manjares mi mano no paró de escribir en la libreta infinidad de palabras que se acercaban de algún modo a las sensaciones, experiencias y emociones que estaba vivenciando en este viaje.

El camarero irrumpió en mi mesa con una copa de vino blanco, lo miré asombrada, pensando que se trataba de una cortesía de la casa.

—Se la envían de aquella mesa.

Levanté la vista y vi que se trataba de la mesa ubicada a mi derecha. Levantando sus copas hicieron la señal del brindis. Les sonreí, levanté mi copa y les dije gracias. ¡Quién hubiese imaginado en aquel momento que ese brindis a la distancia sellaría una de las amistades más inusitadas y a la vez más puras de mi vida!

Salí a caminar, necesitaba ver cómo se vivía la noche en esa pequeña isla. Algunos bares estaban abiertos con poca gente. Bajé a la playa, había mesas en la arena y antorchas encendidas. Pensé en cuán hermoso sería un apasionado beso bajo aquella estrellada noche y lamenté estar sola. Regresé lentamente a la posada y los comensales que me habían invitado con el vino estaban conversando en la puerta. Al llegar el venezolano me dijo:

—Oye, aquí tenemos una discusión. Te vimos escribir todo el tiempo en tu cena.

Los miré y confirmé con esto que las miradas que yo había sentido eran ciertas.

—¿Eres escritora o periodista? —me preguntó.

—Nada de esto —les respondí—, soy consultora y lo que escribo es mi bitácora de viaje.

El venezolano me miró sorprendido y tradujo al francés para el grupo lo que yo había dicho. Se rieron.

—Yo creí que eras periodista gastronómica y estabas aquí por el premio de Carmen.

—¿Qué premio? —pregunté, curiosa.

—El del mejor restaurante de la isla, ¿no viste la placa en el mostrador? —me dijo.

—No lo sabía. Pero lo merece porque su sopa de papas es maravillosa.

—¿Qué haces mañana? Nosotros iremos a una de las islas con el doctor, su mujer y su hija. También vendrá un matrimonio que llegó ayer, pero él es tan insoportable que me dará más placer que vengas tú.

Sonreí y le dije:

—Podemos ir todos, un lugar más no creo que afecte a la lancha. Me llamo Laura ¿y ustedes?

—Yo soy Paulo —dijo el venezolano—, y él es Marc, mi pareja. René es su hermano y Emanuel su cuñada.

Ellos no entendían mucho español, pero era obvio que Paulo los estaba presentando.

A la mañana siguiente, muy temprano, nos encontramos en el desayuno y partimos juntos hasta el puerto situado a unos 400 metros de la posada.

El mar estaba calmo y el sol abrasador. Asia, la niña pequeña que acompañaba al conductor, nos esperaba sentada en la lancha. Su tez era color chocolate y el fondo blanco de sus grandes ojos negros resaltaba en la delgadez de su rostro.

Luego de treinta minutos llegamos a una sublime isla desierta. Estrellas de mar, pelícanos, arena tibia y un cielo diáfano eran parte de su decorado. Ese día seríamos los únicos que disfrutaríamos de aquel inhóspito lugar.

El conductor de la lancha bajó y clavó en la arena cuatro sombrillas separadas varios metros entre sí. Debajo de cada sombrilla colocó las reposeras y las toallas correspondientes a cada grupo y dejó, además, una enorme heladera de playa. Se subió a la lancha junto a Asia y nos dijo:

—Regreso al mediodía con el almuerzo.

Fui hasta mi sombrilla y levanté lentamente la tapa de la heladera, me intrigaba su contenido. Había vasos, algo de fruta, agua, gaseosas, ron, tequila y cervezas. Había tanto alcohol allí como para emborrachar a un batallón.

Las otras sombrillas estaban a unos veinte metros de la mía. Decidí entonces practicar mindfulness[**] antes de que el sol apretara. Era afortunada por estar en aquel paradisíaco lugar. Hay muchos mundos posibles en este mundo y yo estaba disfrutando de uno de ellos, uno que tal vez nunca volvería a pisar. Quería apreciarlo por lo que era en ese instante, sin pensar si regresaría o no. No quería que mi mente se viera atormentada con pensamientos que solo aportarían desconsuelo.

Allí también reconfirmé que la vida es de los que se atreven. Que ese instante estaba siendo posible porque yo lo había creado. Mis sueños, mis decisiones y mis

---

[**] Mindfulness: prestar atención de manera consciente a la experiencia del momento presente con interés, curiosidad y aceptación.

acciones crearon el espacio para que nuevas realidades emerjan. Y allí estaba yo, haciendo una pausa para apreciarlo, para que no se diluyera entre mis dedos sin haber antes capturado su magnitud.

Tomé un poco de agua, picoteé algo del fresco ananá y partí a curiosear los alrededores. Cuando pasé frente a la sombrilla de Paulo me preguntó adónde iba y se sumó a la caminata.

Yo tenía un bikini negro y Paulo un pequeño slip azul intenso. El resto de nuestros cuerpos solo estaba protegido con bronceador.

Mientras caminábamos, Paulo me contó su historia. Era venezolano, fue dueño de uno de los salones de belleza más importantes de su país, pero un novio lo estafó y lo dejó en la nada. Antes vivió unos años en Nueva York, siguiendo amores la vida lo llevó a África y también a Londres. Hoy vive con Marc en Estrasburgo, Francia, desde hace ya varios años.

Hacía siete años que venía a Los Roques con la familia de Marc. Ellos se habían enamorado del lugar desde el primer día. Paulo, además, aprovechaba el viaje para visitar a su madre y sus hermanos.

El sol era intenso y habíamos llegado a un lugar alejado, donde el mar se adentraba en una especie de bahía. Se trataba de un cementerio de caracoles, botutos como los llaman allí. Nunca antes había visto algo similar; en la orilla del mar se destacaba una montaña de más de cinco metros de alto por los caparazones de los caracoles que los pescadores capturaban y a los que les quitaban su carne para vender luego a los restaurantes del pueblo, que preparaban como un delicioso manjar. Quién sabe desde cuándo se venía formando esta montaña.

El lugar era verdaderamente recóndito y solitario. Años atrás, en el Caribe mexicano, había vivido por primera vez la experiencia de hacer topless y cada vez que tengo la posibilidad de vivir la libertad de sentir el agua y el sol en mi cuerpo sin barreras ni ataduras lo disfruto, y allí había una oportunidad que no iba a desaprovechar; así que mientras me quitaba el corpiño lo miré a Paulo y le dije:

—Voy a disfrutar del mar y del sol.

La desnudez de nuestros cuerpos continuaba de algún modo la desnudez que nuestros corazones habían ido alcanzando a lo largo de nuestra conversación en el camino. Ya no éramos los mismos. Ese diálogo conectó nuestras vidas y ya no éramos extraños.

Sentí la tibieza del mar en mi cuerpo y sumergidos en el agua continuamos conversando semidesnudos. El diálogo se tornó aún más íntimo, al punto que Paulo, entre lágrimas, me contó que a los once años fue abusado por su tío. Su dolor me dolió y sentí que no solo había desatado mi ropa, también mi mente danzaba en libertad y me permitía estar allí presente para él. Le pregunté cómo había podido resurgir de esa triste experiencia.

—El humor siempre me ha salvado en situaciones duras —me respondió.

La noche anterior Paulo y yo éramos dos extraños y ahora estábamos allí sumergidos en el mar, despojados de prejuicios, compartiendo nuestras alegrías y dolores como si nos conociéramos de toda la vida. Reímos y también lloramos, porque entonces me confesó que él y Marc eran HIV positivos.

Decidimos regresar a las sombrillas, seguramente el almuerzo ya habría llegado. Al pasar delante de la montaña de caparazones tomé uno y me lo llevé. Hoy está de adorno en mi patio y cuando lo veo me conecto con la tibieza del mar en mi piel y me recuerda que desnudarme frente a otro, mostrarme vulnerable y abrirme a la aventura de un diálogo profundo y lleno de sentido puede ser un viaje asombroso.

Durante los dos días siguientes compartí con ellos todas mis actividades. Visitamos otras islas, atardeceres en el bar de Marta y las ricas cenas de Doña Carmen. La tarde en que me fui me despedí con un fuerte abrazo con cada uno de ellos, pero con Paulo el apretón fue más fuerte. Él me dijo:

—Volveremos a vernos muy pronto, lo sé. Que Dios te bendiga.

Partí al Salto del Ángel y luego regresé a Argentina. Paulo tuvo razón y volvimos a fundirnos en un fuerte abrazo un año después en Buenos Aires y dos años más tarde en Cádiz.

Hoy él me dice "Hermana querida" y el WhatsApp nos ha mantenido unidos a la distancia. Él y yo sabemos que estamos en lugares distantes del mundo, pero esa lejanía no logró vencer los lazos que creamos al desnudar nuestra intimidad en aquel diálogo regado de sol y mar.

¿Qué son los diálogos apreciativos? Si nos referimos a la metodología creada por David Cooperrider, lo apropiado sería que lo explicase presentando los cinco pasos que son la base de ese método. Pero aquí me referiré a un diálogo apreciativo como a un encuentro con un otro donde el aprecio entre ambos dialogantes atraviesa toda la experiencia. Un diálogo que provoca apertura, invita a conocer más sobre la vida del otro de manera genuina y empática, y nos abre a conocer su verdadero interior, eso que lo distingue y lo hace único. Una conversación que invita a desnudarnos con el objetivo de encontrar juntos en su transcurrir aquello que nos resulta valioso. Un diálogo rebosante de momentos de ¡Ahá!, de sorpresa y revelación.

Un encuentro en donde cada palabra y cada pregunta están al servicio de la transformación de los hablantes. Una evolución que los impulsa a un salto que eleva y enriquece su existencia.

Paulo me ha enseñado mucho sobre el valor de la amistad. Parte importante del éxito de nuestra relación es gracias a él y a sus "comportamientos apreciativos".

Cuando hace mucho que no nos contactamos me envía un mensaje. No empieza a pensar ni se enrolla en si yo no lo hice antes o si me hubiera correspondido a mí escribirle. Cuando yo le vengo a su mente y siente que me extraña, él simplemente me dice:

—Hola, mi hermanita querida, ¿por dónde andas?

Sus mensajes tienen muchas palabras positivas: hermana querida, te quiero, bendiciones, eres adorable, la vida traerá cosas buenas, entre otras. Que además tienen la particularidad de llegarme la mayoría de las veces cuando las estoy necesitando.

Cuando Paulo está triste, en especial por los temas concernientes a su país, sabe llorar y también acudir pidiendo sostén. Cuando esto ocurre siento un deseo irrefrenable de acompañarlo. Sabe abrir espacio para las penas cuando lo necesita.

Él me admira por quien soy y yo lo admiro a él por quien es. Nos valoramos mucho. Sigue mi crecimiento profesional muy de cerca, se alegra sinceramente de mi evolución y se muestra orgulloso de ser mi amigo.

¿Qué hace que una amistad se sostenga a lo largo de los años con un océano de por medio? Las personas, solo las personas podemos hacerlo posible. El aprecio construye lazos fuertes y cercanos a lo largo del tiempo y también puede hacerlo a la distancia. No necesito tener cerca a Paulo para que le llegue mi aprecio, ni que sea de mi misma cultura para que lo entienda y lo sienta. Un mensaje, un te quiero, un emoji de corazón se entienden en Argentina, en Venezuela y en Francia. Es cierto que de estar más cercanos nos hubiéramos disfrutado mucho más, hubiéramos tenido charlas que no tuvimos y abrazos que no nos dimos. No obstante, sabemos gozar de nuestra amistad. La vida es perfecta en su imperfección. Una perfección que se nos revela cuando aprendemos a apreciarla.

¡Llegó el momento de la acción!

Diálogo apreciativo

Este ejercicio es para compartir con un amigo. Puede que el aliado que hayas elegido en el ejercicio del comienzo sea justamente tu amigo, con lo cual, muy probablemente, él estará encantado de compartir esta experiencia contigo. Pero también puedes hacerlo con otra persona.

Paso 1: Lean en voz alta toda la hoja de trabajo.

Paso 2: Uno de los dos será el relator durante 20 minutos, aproximadamente. Contará con entusiasmo su historia y luego su compañero, utilizando la lista dc preguntas, lo guiará para profundizar y conocer más acerca de su vivencia. En especial procurará conectarlo con sus sentimientos y emociones.

No es una charla, cuando tu compañero relate no es momento de hablar de ti sino de escuchar y facilitar su proceso.

Paso 3: Cambiarán de rol, quien estaba relatando pasará a ser quien guía y escucha, y quien escuchaba y guió, ahora será el relator.

Es importante que creen un contexto adecuado que propicie el fluir de la práctica, es decir, dispongan del tiempo necesario y de un entorno agradable.

Hoja de trabajo

Introducción

¿Pueden nuestros comportamientos verse afectados a partir de las opiniones que nuestros seres significativos tienen sobre nosotros? ¿Una imagen positiva de un amigo, padre, un maestro o un jefe, puede llevarnos a alcanzar logros más allá de lo esperado?

Algunas disciplinas han elaborado teorías apoyadas en lo que se conoce como "Efecto Pigmalión" para denominar así las acciones que emprendemos a partir de las expectativas que otros tienen en nosotros. La influencia de dichas expectativas genera un cambio en la conducta de las personas que lleva a la confirmación de las mismas, lo que comúnmente conocemos con la expresión "profecía autocumplida".

Su nombre proviene de una antigua leyenda griega. Ella cuenta que Pigmalión, un importante rey de Chipre, que se dedicaba a hacer estatuas, un día creó la figura de una hermosa mujer. Cuanto más contemplaba la estatua más se enamoraba de ella, entonces decidió ponerle de nombre Galatea y pedir a los dioses que le dieran vida para poder casarse con ella. Tal fue su insistencia y su convencimiento de que la estatua era perfecta que los dioses accedieron a su petición y le dieron vida, convirtiendo a Galatea en una de las mujeres más hermosas de Chipre.

Esta leyenda también dio origen y nombre (*Pigmalión* - 1913) a una de las obras del célebre escritor George Bernard Shaw, que luego fuera llevada al cine con el título "My fair lady" (Mi bella dama). En ella el profesor Higgins convierte a Eliza Doolitte, una muchacha analfabeta de clase baja, en una dama, para luego terminar enamorándose de ella.

Luego, Robert Merton designó con el nombre de "Efecto Pigmalión" sus estudios sobre las consecuencias que tienen en una persona las expectativas y creencias que otros tienen acerca de ella. Y los psicólogos Rosenthal y Jacobson, en los años sesenta, hicieron un estudio, que denominaron "Pigmalión en el aula", sobre la influencia que la imagen del maestro tiene sobre el alumno en su desempeño y rendimiento.

... Somos el resultado de la imaginación y la mente humana. Cada uno de nosotros está hecho e imaginado en los ojos de otro. Hay una total inseparabilidad del individuo del contexto social y de la historia del proceso de proyección.

(David L. Cooperrider)

Somos sensibles a lo que nuestros seres significativos esperan de nosotros.

La mirada de un amigo co-construye nuestra vida. Las expectativas que proyectamos respecto del potencial de las personas no son inocentes, crean realidades. Cuando estas expectativas son positivas, ellas refuerzan la autoconfianza de la persona, lo que amplía su visión de posibilidades y lleva a un cambio en su comportamiento que hace que se cumpla la profecía.

Cuando reconocemos el potencial de otros creamos con ello los mejores espacios para que puedan crecer, expresar y manifestar su genialidad.

Tal cual Pigmalión lo hizo con Galatea, una proyección positiva de nuestros seres significativos hacia nosotros nos hace sentir más seguros, energizados y motivados, llevándonos a transformarnos de inmóviles estatuas a ¡personas aladas!

¿Cómo ves a tus amigos? ¿Cómo te ven tus amigos?

Paso 1: Recuerda y comparte con tu compañero de diálogo un momento de tu vida en el cual una persona significativa puso expectativas positivas en ti y esto te hizo cobrar vida. Una historia donde un Pigmalión positivo (padres, maestro, líder, amigo, jefe) vio en ti talentos, cualidades y fortalezas aun antes de que estas se manifestaran. Una experiencia en donde el reconocimiento de un otro hizo desplegar todo tu potencial. Puede tratarse de un hecho pequeño o grande, lo importante es que sea significativo para ti.

Preguntas guía:

Los sucesos…
- ¿Cuándo y dónde sucedió?
- ¿Qué fue lo que ocurrió?
- ¿Quién fue tu Pigmalión?

Observa a tu Pigmalión

- ¿Cuáles crees que fueron los valores que guiaron sus acciones?
- Imagina que eres un espectador externo de tu historia… Observa los acontecimientos… ¿Cuáles dirías que fueron las dos acciones o comportamientos que mejor mostraban su mirada apreciativa hacia ti y de algún modo determinaron el crecimiento de tu potencial?

1. ....

2. ....

¿Qué actitudes y emociones prevalecían en tu Pigmalión?

Ahora, obsérvate a ti mismo …

- ¿Cuál es el principal aprendizaje que te dejó esta experiencia?
- ¿Qué descubriste de ti que antes no sabías?
- Si le preguntamos a una persona que te aprecia y valora, ¿cuáles son los talentos y fortalezas que reconoce en ti para capturar y reconocer el potencial de otros? ¿Qué nos diría y por qué?

Ahora que ha transcurrido el tiempo y rememoras esta experiencia…

- ¿Qué ves tú como más novedoso e innovador en esta historia?
- ¿Cuáles fueron los beneficios para ti? ¿Y para quienes te rodeaban?
- ¿Qué emociones y sentimientos te despierta hoy recordar esta historia?

Piensa en alguien con quien te gustaría nutrirte y hacer crecer sus vidas mutuamente. ¿Qué comportamientos de esta experiencia puedes replicar hoy para desarrollar tu relación con ....?
Ahora vamos a dar un paso más e imaginar que esta noche, después de este diálogo, te duermes profundamente y cuando despiertas ya han pasado dos años…
En todo este tiempo tú y …………………………..
lograron nutrir y consolidar aún más la relación y alcanzaron un alto nivel de resultados gracias a haber incrementado significativamente sus actitudes y comportamientos apreciativos.
Describe lo que estás viendo con lujo de detalles, en un día de tu relación con ……................…… y exprésalo en presente como si estuviera sucediendo en este momento.

- ¿Qué buenas prácticas observas?
- ¿Qué nuevas conversaciones escuchas?
- ¿Qué actitudes desarrollaron ambos que propician la manifestación de su lado más brillante?
- ¿Qué cambios efectivos reconoces en ti? ¿Y en tu amigo?
- ¿Qué nuevos comportamientos positivos desarrollaron?
- ¿Cuáles han conservado?
- ¿Qué beneficios ves que han obtenido ambos con esta transformación?
- Observando sus rostros…, ¿qué emociones dirías que predominan?

> ❖ **Recuerda: explorar, descubrir, valorar y expandir.**
> **¡Hazlo crecer!**

Preguntas reflexivas

➢ ¿Qué aprendizajes y descubrimientos encuentras en esta experiencia?

➢ ¿Qué beneficios te deja esta práctica? ¿Cuáles a quienes te rodean?

➢ ¿Qué emociones y sentimientos reconoces en ti en este momento?

➢ ¿Sientes que esta práctica te ayuda a crecer? Si es así, ¿en qué y para qué te es útil este crecimiento?

➢ ¿Percibes algún cambio en tus ideas anteriores luego de hacer este ejercicio? De ser así, ¿cuáles?

Capítulo 11

AFS

¿Quiénes creen que merecen ser felices? Me encanta hacer esta pregunta al público y ver que toda la sala levanta la mano.

Sin embargo, cuando pregunté quiénes de ellos conocían la palabra *Apreciatividad* antes de que yo estuviera allí, solo cinco personas levantaron su mano.

Pocos conocían que su felicidad y la de las personas que los rodean dependen en gran medida de sus habilidades apreciativas. Lo loco es que estas personas estaban allí reunidas gracias a la mirada apreciativa de un grupo de intrépidos soñadores.

Juan Médici, Director Ejecutivo de AFS Argentina y Uruguay, y Hugo Páez, voluntario de Mendoza desde hace muchos años, me convocaron para dar una conferencia en su organización. Allí descubrí un maravilloso mundo de voluntarios que desconocía.

¿Qué hacen en AFS? Ayudan a los ciudadanos del mundo a aprender cómo vivir juntos. Sí, eso hacen y no muchas personas conocen su gran labor (¿será tal vez culpa de que los medios no difunden estas noticias?). Ellas forman parte de aquellos soñadores que, a diario, en diferentes rincones del planeta, se dedican voluntariamente a construir un mundo más justo y en paz. ¿Cómo lo hacen? Por medio de la promoción de oportunidades de aprendizaje intercultural para ayudar a las personas a que desarrollen los conocimientos, las destrezas y el entendimiento necesario para crear un mundo mejor.

El viernes por la mañana llegué al hermoso lugar donde se realizaba el encuentro anual de los voluntarios y el staff de Argentina y Uruguay; había casi doscientas personas, en su mayoría jóvenes de menos de treinta años. El día era diáfano y el sol parecía brillar de manera especial para estar a la altura de la luz que emanaba de los rostros de aquellas personas. Alegría, color, entusiasmo, participación y diálogos formaban parte del escenario que percibí mientras recorría con mi mirada aquel hermoso el lugar.

Cuando me relataron la historia de AFS sentí que estaba en el sitio y momento donde quería estar y que la *Apreciatividad* había llegado nuevamente al lugar indicado. Me contaron que un cuerpo de conductores de ambulancias creado por voluntarios estadounidenses, utilizando una donación de camionetas Ford, participaron de manera pacífica en Europa, África y Asia durante las dos guerras mundiales, transportando heridos desde el campo de batalla hasta los hospitales, sin importar su nacionalidad.

Fueron los lazos que se generaron entre los conductores y los heridos, más allá de los conflictos políticos propios de la guerra, los que inspiraron el sueño de aquellos choferes. ¿Cómo evitar las guerras? ¿Cómo contribuir a la paz? ¿Cómo dejar de matarnos y agredirnos unos a otros? Así fue que en 1947 los conductores de las ambulancias de AFS transformaron su actividad y comenzaron a desarrollar programas de intercambio estudiantil entre distintos países con el propósito de que el reconocimiento de las diferencias culturales que proporciona la inmersión en una sociedad distinta a la propia fuera la garantía de que no se produjesen más guerras. ¡Es genial! ¡Y es *Apreciatividad* a full! Porque lo que buscaron es crear aprecio y valoración entre las personas de diferentes culturas, propiciando de este modo espacios para el florecimiento humano por medio del aprendizaje y el desarrollo de relaciones saludables mediante la convivencia intercultural. Crearon así una comunidad de ciudadanos globales decididos a construir puentes entre las culturas en más de ochenta países, siendo hoy una de las más importantes asociaciones a nivel mundial desde hace sesenta años.

Lo digo en cada una de mis conferencias: la *Apreciatividad* no nació hoy. En los discursos y acciones de los grandes líderes de la historia podemos encontrarla; ellos propusieron el aprecio y la valoración como una de las bases para la construcción de un mundo mejor.

Lo que sí está naciendo hoy es entrenar esta habilidad como un recurso importante para la vida cotidiana de las personas.

¡Vamos por un mundo más apreciativo!

Las proyecciones crean realidad; toda aspiración nace primero en la imaginación de alguien y cuando esas proyecciones tienen fuerza y convicción las personas se ponen en marcha y avanzan hacia su visión.

Si nosotros queremos cambiar la realidad debemos preguntarnos primero qué imaginamos que va a ocurrir, porque esto que imaginamos no es inocente y guiará nuestros comportamientos. La mayoría de las veces no somos conscientes de esta fuerza atractora y cuánto ella nos conduce, casi invisiblemente, hacia aquello que proyectamos.

Por eso es tan importante el lenguaje positivo. Decir "no quiero más guerras" no es lo mismo que decir "quiero paz". Decir "no quiero sufrir más" no es lo mismo que decir "quiero ser feliz". Imaginar una vida sin sufrimiento no traerá a nuestra mente las mismas imágenes que si buscamos imaginar una vida feliz.

Lamentablemente, las guerras continúan en el mundo y muchas personas sufren sus nefastas consecuencias; sin embargo, también hay quienes dentro del horror son capaces de mantener vivas sus imágenes de futuro positivas. Esto ha sido mostrado y relatado muy gráficamente por Viktor Frankl en su libro *El hombre en busca de sentido*. Siempre me pregunto: si alguien puede hacerlo en escenarios tan terribles, ¿cómo no poder hacerlo nosotros con una vida mucho más glorificada? Sin embargo, en nuestro día a día son los problemas y lo que no funciona lo que atrapa y enrarece nuestra mente, dejando poco espacio para la creación de nuevos escenarios, a partir de aquello que funciona acertadamente en nuestras vidas y en el mundo.

Los fundadores de AFS no eliminaron las cruentas guerras, pero hicieron un gran aporte por la paz que impactó positivamente en la vida de muchas personas. Su imaginación proyectó y creó lo que otros no pudieron o no se dieron el permiso de ver, muy probablemente por temor o por no querer ser tildados de unos locos ingenuos. O quizá fue por vagos, porque este proyecto, como otros, requirió mucho esfuerzo y hay muchas personas que no están dispuestas a pagar el precio del triunfo. Mi reconocimiento a estos hombres y mujeres que creyeron que este mundo tiene remedio, y no lo hicieron focalizándose en lo que comúnmente se hace cuando se busca remediar algo: reparando, enmendando o corrigiendo lo que está fallando en las personas y sus entornos, sino que el "remedio" vino de expandir y hacer crecer el potencial del que disponían. Insisto, no es lo mismo arreglar que hacer crecer. Ambas miradas son necesarias para la vida, pero si queremos usarlas de manera efectiva debemos conocer su diferencia para poder evaluar en qué circunstancias será más efectivo el uso de uno u otro paradigma. Esto es un arte que se aprende con práctica, práctica, práctica.

Parte importante del entrenamiento de nuestras habilidades apreciativas está en la incorporación de las bases de lo que se conoce como salutogénesis. Este enfoque plantea el bienestar desde el crecimiento y conservación de la salud de los individuos y no solo ocupándose de disminuir o curar la enfermedad. Incorporar este enfoque genera un cambio importante en nuestra manera de pensar y actuar y nos permite alcanzar mayores niveles de bienestar y calidad de vida.

Solemos estar inmersos en entornos que obstaculizan la captura de lo que sí funciona bien; muchos maestros continúan marcando con rojo los errores, pero casi se olvidan de resaltar con verde los aciertos; en las empresas se sigue recompensando y contratando a las personas a partir de sus capacidades para atender y resolver los problemas de la organización –"la realidad que ya existe"–, más que por sus capacidades para innovar y crear una "realidad que aún no existe"; los padres seguimos celebrando las buenas respuestas de nuestros hijos más que incentivarlos a ser buenos preguntones y constructores de preguntas valiosas. La *Apreciatividad* es acción, pero no cualquier hacer. Es un hacer diferente a lo que comúnmente establece la cultura o al modo al que nos lleva a actuar nuestra naturaleza humana, que nos conduce a alejarnos o a reparar los problemas para garantizar nuestra supervivencia. La acción de la *Apreciatividad* tiene como objetivo manifestar las ideas y sueños que nuestra mente imagina como posibles y lo hace mediante la expansión y amplitud de lo mejor del presente.

Muchas personas le temen a un exceso de *Apreciatividad* en sus vidas y según mi experiencia (salvo el caso en que se distorsiona su uso para esconder o negar, o el de algunas patologías psicológicas) no conozco personas a los que la *Apreciatividad* haya "atrapado" perjudicando su vida; sin embargo, veo a diario personas atrapadas en marañas de comportamientos e ideas disfuncionales provocadas por su foco excesivo en las dificultades y complicaciones. Es posible cambiar nuestro foco e interpretaciones respecto del pasado, del presente y del futuro y hacerlo puede provocar que nuestras vidas tomen un giro inesperado. Positivamente inesperado.

El potencial es lo que existe antes de la realidad y no es plausible de ser examinado ni analizado, porque aún no existe; es algo que creamos en nuestra mente, es ficción hasta que nuestras acciones lo vuelven real. Mientras tanto, cualquier análisis será solo conjeturas y predicciones sin evidencias ni datos. Los límites de nuestra vida están en nuestra capacidad de imaginar y hacer crecer el potencial, pero, al tratarse de algo que solo podemos observar por medio de la metacognición, es decir, deteniéndonos a observar nuestros pensamientos, no solemos atribuirle la responsabilidad que verdaderamente tienen en la consecución de nuestros sueños y aspiraciones.

Las afirmaciones, las palabras que usamos, el entorno en el que nos desenvolvemos y las personas a las que nos acercamos van ayudando o deteriorando nuestra capacidad de proyectar posibilidades, de salirnos de lo establecido, de lo sensato. Hacerlo conlleva riesgo, pero quedarnos en lo conocido y poner nuestras energías en conservarlo no tiene garantías, e incluso suele contener muchos peligros para este mundo cambiante. ¿Cuántas veces en las que contaste una idea, un sueño o un proyecto a alguien te pidieron que seas sensato? ¿Qué es ser sensato? Prudente, juicioso, comportarse comedidamente, es decir, actuar con moderación y contención. A veces nuestra vida pide a gritos un poco de insensatez.

Somos quienes somos de acuerdo a nuestra habilidad de distinguir, crear e imaginar el potencial del futuro, lo que aún no existe y de nuestro compromiso en hacer lo que hay que hacer para hacerlo real. La acción es consecuencia de mis proyecciones y su función es hacer realidad lo que la mente crea e imagina como posible.

Las afirmaciones y el lenguaje positivo no solo alimentan nuestras ideas y representaciones, sino que nos ayudan a alumbrar las fortalezas y recursos que harán que nos sintamos motivados a accionar, aun sin garantías.

¡Llegó el momento de la acción!

Afirmaciones positivas

Las afirmaciones son un magnífico y sencillo medio para comenzar a anclar en nuestra mente la mirada apreciativa y fabricar diálogos internos más funcionales para nuestra vida. Para que las afirmaciones sean efectivas deben cumplir con una serie de características:

- Expresadas en tiempo presente
- Enunciadas en positivo
- Simples y breves
- A nuestra medida
- Son para crear algo nuevo, no para cambiar lo que existe
- Se hacen para lograr un objetivo, no para cambiar las emociones
- Se deben suspender dudas y titubeos

Utilizando esta guía escribe aquí tu Afirmación Positiva:

....

....

Ahora busca maneras y rituales para que tu afirmación vaya impactando en tu fábrica de diálogos interiores. Es hora de la acción y poner manos a la obra:

- Pega carteles en lugares visibles (el espejo del baño, la puerta de la heladera, el protector de pantalla, etc.).
- Pega carteles en lugares sorpresa (detrás de la puerta de un armario, en un papel en el bolsillo de un saco, en la primera hoja de un libro, etc.).

- Repite tu afirmación en voz alta varias veces, al menos dos veces al día. Un buen momento es justo después de levantarte y antes de acostarte.
- Puedes escribir de puño y letra veinte veces tu afirmación.

Cuando realices estas tareas respira profundo y procura estar atento al momento presente e intenta impartirles una conexión emocional positiva mientras las llevas a cabo.

La práctica de las afirmaciones no es repetir frases de manera automática, sino que su efectividad depende de tu conexión emocional.

> ❖ **Recuerda: explorar, descubrir, valorar y expandir.**
> **¡Hazlo crecer!**

Preguntas reflexivas

- ➤ ¿Qué aprendizajes y descubrimientos encuentras en esta experiencia?
- ➤ ¿Qué beneficios te deja esta práctica? ¿Cuáles a quienes te rodean?
- ➤ ¿Qué emociones y sentimientos reconoces en ti en este momento?
- ➤ ¿Sientes que esta práctica te ayuda a crecer? Si es así, ¿en qué y para qué te es útil este crecimiento?
- ➤ ¿Percibes algún cambio en tus ideas anteriores luego de hacer este ejercicio? De ser así, ¿cuáles?

Capítulo 12

Palabras reveladoras: Buen hombre

Era una soleada tarde de finales de otoño. Caminé una cuadra desde el hotel hasta la avenida para tomar un taxi que me llevara a Bellavista, donde tendría mi reunión de trabajo.

En aquella esquina de Ricardo Lyon y Providencia de la ciudad de Santiago, Chile, un taxi se detuvo en el semáforo y bajó un pasajero; aproveché que el universo estaba de mi lado aquella mañana y lo tomé. Subí rápido, antes que el semáforo se pusiera en verde, y le dije muy naturalmente al conductor.

—Buen día, buen hombre.

El semáforo se puso en amarillo y el conductor, en vez de alistarse para arrancar, apoyó el brazo en el respaldo del asiento del acompañante, giró su cabeza hacia mí y me dijo:

—Disculpe que le pregunte, no sé si escuché bien. ¿Usted me dijo buen día y buen hombre?

—Sí —le respondí—, imagino que usted es buena persona, al menos hasta que me demuestre lo contrario.

—Gracias, sus palabras son muy bonitas.

—Lo aprendí de mi abuela. Ella siempre que se encontraba con alguien cuyo nombre desconocía le decía buen hombre —le conté.

—Una frase muy bonita e inspiradora la de su abuela —y continuó—: Qué bello que usted la haya tomado y la use hoy conmigo.

Conversamos un rato sobre las diferencias culturales entre Argentina y Chile, del mito de la rivalidad entre nuestros países cuando uno visita estos lugares.

Luego de conversar durante más de diez minutos me dijo:

—Su vocabulario es raro de escuchar. No es común que las personas hablen del modo que usted lo hace, utilizando palabras que son música para los oídos —y agregó—: Usted me ha hecho sentir muy a gusto en este viaje.

—Me alegró escucharlo decir esto, yo también disfruté el momento.

Tanta sorpresa ante mis palabras y mi modo de dirigirme a él me sorprendió y comprendí que esto se debía a que no le ocurría muy a menudo y que yo le había mostrado, en esos veinte minutos compartidos, claras señales de aprecio no solo con mis palabras sino dispensándole mi atención y escucha.

El haber procedido así despertó en él palabras de aprecio y valoración hacia mí y antes de bajarme me dijo:

—Si yo dispusiera de una varita mágica pediría tener todos los días al menos una pasajera como usted.

Su comentario dibujó una sonrisa en mi rostro, ahora era él quien me regalaba unas bonitas y sentidas palabras.

Dos días después me encontraba en el free shop del

aeropuerto de Santiago comprando unos chocolates para mis hijos. Al llegar a la caja el hombre que estaba delante de mí quería pagar la compra de una botella de ron.

—¿Cuál es el precio? —le pregunta a la cajera.

—89,90 —le dice luego de pasar la botella por el lector electrónico.

—¿Con el descuento? —pregunta el cliente.

—No tiene descuento —responde ella.

—El joven de allá —dice el cliente, señalando la góndola de bebidas— me dijo que tenía un 10% de descuento y además lo dice en el cartel —afirma con cierto ofuscamiento en su voz.

—Permítame su tarjeta de pago, quizá el descuento lo hace el sistema al pagar. Pero aquí no veo descuento. Podemos probar.

—Pero, ¿me harás el descuento o no? —le pregunta el cliente con disgusto.

—No lo sé hasta que pruebe con la tarjeta. En principio esta bebida no tiene descuento pero, como le dije, si usted lo desea podemos probar si al pasar el pago la tarjeta de su banco le aplica un descuento.

—¿Tú me estás tomando el pelo? ¿No sabes si hace o no el descuento? —le dice ya en tono visiblemente agresivo.

Yo empecé a incomodarme con su maltrato y cuando estaba a punto de intervenir la cajera de al lado, mayor que la joven y al parecer con más experiencia, viendo la angustia en los ojos de su compañera, dijo:

—Creo que esa bebida tiene descuento en la segunda unidad, pero llama al encargado o al vendedor del salón que le dio la información.

—Sí, por favor, llame al encargado —dijo el cliente.

Un minuto después el vendedor del salón se presentó en la caja:

—¿Qué ocurre? —preguntó.

—Tú me dijiste que este ron tenía un descuento de un 10% —afirmó el cliente.

—Sí, señor, en la segunda unidad le dije.

—Ahhh, entonces debo haber escuchado mal —respondió, se dio media vuelta y entregó su tarjeta a la joven cajera que miraba azorada lo que estaba ocurriendo y a quien haba maltratado apenas unos minutos antes. Lo hizo sin siquiera disculparse por su error y sus malos modos.

Me sentí mal, su agresividad nos había salpicado a todos, no solo a la joven cajera, y además sentí algo de culpa por no haber salido oportunamente en su defensa. Quizá si su compañera se hubiera demorado unos minutos más mi tolerancia a la falta de respeto habría caducado y hubiera sido yo quien gentilmente le habría pedido que hiciera su reclamo sin ofender a la joven.

Pensé en el taxista y en cuántas personas subirían por día a su taxi de mal modo, o tal vez ni siquiera eso, cuántas subirían sin decirle buen día. El reconocimiento, la valoración y el aprecio llaman nuestra atención y los recibimos con agrado porque, como alguna vez afirmó William James, profesor estadounidense de psicología en la Universidad de Harvard: "El principio más profundo de la naturaleza humana es el deseo de ser apreciado". Nos encanta ser reconocidos y lamentablemente en muchos espacios el aprecio sincero y genuino no abunda.

La noche anterior, al salir de la última de las siete conferencias que daría en mi estancia en Chile, una verdadera maratón por universidades y bibliotecas presentando mi libro, Jimena, la gerente de Marketing de la editorial Zigzag, me estaba esperando para cenar algo juntas antes de una entrevista en vivo en un reconocido programa radial del país.

Ambas estábamos cansadas, llevábamos varios días de mucha actividad, pero no habíamos perdido nuestra alegría y buena onda. Jimena es una mujer sensible de una belleza particular, mezcla de sensualidad y exotismo. Muy comprometida además con su trabajo. Mi estadía en Chile fue impecable gracias a su profesionalismo y predisposición. También gracias a Fabián, el representante de ventas de Bibliotecas y Universidades de la editorial, quien se ocupó de que todas las instituciones nos recibieran en los mejores auditorios y con un número importante de público. Bromeábamos diciendo que la última conferencia la daría él mejor que yo. Me había escuchado repetir la misma charla ¡siete veces en tres días!

—No te aburres de escucharme —le dije entre risas.

—Tal vez un poco —me dijo él con el buen humor que lo caracteriza.

Desde que era niña nunca había comido tantas gomitas en tres días. Fabián colocaba una canasta con estos dulces en la mesa donde estaban a la venta los libros y yo no podía contenerme. Eran deliciosas.

Mientras Jimena conducía su camioneta hasta el restaurante aquella noche le conté de mi adicción a las gomitas y ella me confesó cuán difícil le resultaba también a ella resistirse a estos dulces.

Era mi primera experiencia con ellos como escritora, así que mientras viajábamos le pregunté si se sentía a gusto con lo que estábamos haciendo y con el modo en que trabajábamos juntas.

El semáforo delante nuestro se puso en rojo, entonces ella frenó y mirándome a los ojos me respondió:

—Mira, Laura, yo soy muy cruel. Cuando veo que el escritor no es un buen orador o no despierta atractivo en el público no tengo piedad —me dijo con tono sincero, y continuó—: Tú eres una gran oradora. Eres cercana, simple y apasionada y tienes algo que no se ve muy a menudo: vives lo que has escrito.

La miré con alegría y sorpresa sin emitir palabra y dejando espacio para que ella continuara con su relato.

—Tú no vendes *Apreciatividad*, tú eres el libro caminando —aseveró—. Sabes, aquí muchos escritores llegan como divos o estrellas y nos tratan como si nosotros fuéramos sus empleados. "Que no me llegó el taxi", "Que el hotel tal cosa" y lo que dicen y promueven en sus libros lo echan por tierra en su cotidianeidad. A ellos jamás les pediría, como te he pedido a ti, que compartieras tu charla con personal de la empresa.

Me sentía feliz por sus palabras porque me parecieron auténticas y sinceras. Hay muchos halagos que me da gusto recibir, pero el de ser la *Apreciatividad* caminando confieso que es uno de los que más me gratifican.

—Tus charlas sobre *Apreciatividad* —siguió diciendo firme— son buenas porque eres muy profesional en lo que haces, pero además porque eres lo que dices. Tu trato, tus palabras, tu afecto al dirigirte a nosotros te hacen una escritora con la que nos daría gusto tener muchos más títulos.

Algunos lectores se preguntarán si está bien contar estos halagos sobre mí y la respuesta es sí, está muy bien hacerlo porque me siento orgullosa de ello y en este acto estoy practicando así *Apreciatividad* conmigo. No estoy mintiendo ni negando aquello que aún puedo perfeccionar en mí, estoy resaltando y deteniéndome a celebrar y a reconocer mi lado más brillante, lo cual alimenta mi autoestima y mi autoconfianza. De no hacerlo estaría perdiéndome un recurso importante para mi florecimiento y desarrollo.

Taxista, cajera, gerente, vendedor o escritor da igual, el rol no importa; el sentirnos apreciados, reconocidos y valorados es un regalo que cuando se nos brinda abrazamos con agrado.

El taxista que me llevó hasta el aeropuerto también conversó conmigo durante el viaje. No crean que todas mis experiencias con taxistas han sido buenas; una noche, en esta misma estadía, la pasé muy mal. Era medianoche y el taxista no tenía GPS y decía no conocer cómo llegar al domicilio al que me dirigía. Dio vueltas y vueltas por un lugar totalmente desconocido para mí hasta que, al parar en un semáforo frente a un restaurante donde vi gente, me bajé y pedí a las personas que estaban allí que llamaran a un taxi confiable. Me ayudaron con gusto y llegué bien a mi destino, aunque confieso que algo tensa por la situación vivida.

Volviendo a mi viaje al aeropuerto… El conductor me contó que había vivido dieciocho años en Esquel y que su padre fue exiliado a Suiza, donde él y su familia residieron durante dos años. Su padre nunca se había acostumbrado a vivir en ese país, en parte por la dificultad del idioma y en parte porque la gente era distante. Estas dos razones le impidieron generar vínculos significativos y extrañaba la calidez y cercanía de las culturas latinoamericanas. Una hermana de su padre vivía en Argentina, así que se consiguió un contrato en Esquel y se mudaron a mi país.

—Allí era mi hogar. Pasé mi infancia y juventud en ese hermoso pueblo. Mis amigos están allí, hasta me traje dos a trabajar a Chile —me dijo con una sonrisa, casi como agradeciendo la crisis de trabajo que atravesaba la Argentina porque gracias a ella sus amigos estaban más cerca.

—Sabes —continuó—, el médico del pueblo, mi padre, el almacenero y el peón del campo tomaban café juntos y conversaban en el bar todas las tardes. Aquí, en esta ciudad, es difícil ver a un médico sentado a la misma mesa que un taxista, Se hacen notar las diferencias sociales y ¿sabe algo?… No hay mayor desprecio que la indiferencia.

Tenemos a diario muchos comportamientos heredados de nuestras familias y de nuestra cultura que son, en parte, responsables de nuestros niveles de Apreciatividad actual. Identificar estas herencias, que pueden verse claramente reflejadas en el lenguaje, revisarlas y decidir su continuidad o no, es uno de los ejercicios que abonan el terreno para que germinen y florezcan las semillas de la Apreciatividad.

¡Llegó el momento de la acción!

Frases heredadas

"En la vida uno no hace lo que quiere".
"La vida no es fácil, ya verás cuando crezcas".
"Cuídate de la gente".
"Nadie te regala nada".
"Antes las cosas eran distintas".
"La gente no quiere trabajar".

Es difícil que una semilla germine en un entorno desfavorable; hará todo su esfuerzo porque es su naturaleza, pero el resultado será algo atenuado y lánguido que no mostrará todo su esplendor. Prepara una lista de los proverbios, dichos, frases y otros mensajes que heredaste de tu familia y del contexto donde se desarrolló tu vida, que te conectan con la imposibilidad y el lado difícil de practicar y desarrollar la *Apreciatividad*.

Proverbios, dichos, frases y otros mensajes	¿A qué área de tu Apreciatividad crees que perjudican más? Contigo – Con otros – Con el mundo

Ahora escribe aquellos proverbios, dichos, frases y otros mensajes que has recibido de tu entorno y sientes que potencian y favorecen tu *Apreciatividad*. Lista aquellos que nutran y germinen esta habilidad.

Proverbios, dichos, frases y otros mensajes	¿A qué área de tu Apreciatividad crees que benefician más? Contigo – Con otros – Con el mundo

Ya identificaste frases y dichos que obstruyen y debilitan tus habilidades apreciativas. También aquellas valiosas que las benefician, y es recomendable que continúen acompañándote y te ocupes de expandirlas aún más.

Imagina cómo se vería tu vida si en tu diccionario crecieran las palabras y dichos que potencian tus habilidades apreciativas y disminuyeran aquellas que las reducen.

- Prepara una lista de palabras y dichos que quieres escucharte decir cada día aún más.
- Inventa nuevas maneras de hacerlas crecer y tenerlas más presentes en tu día a día.
- Pasemos a la acción: elige dos de estas ideas y ponlas en práctica.

❖ **Recuerda: explorar, descubrir, valorar y expandir.**
¡Hazlo crecer!

Preguntas reflexivas

➤ ¿Qué aprendizajes y descubrimientos encuentras en esta experiencia?

➤ ¿Qué beneficios te deja esta práctica? ¿Cuáles a quienes te rodean?

➤ ¿Qué emociones y sentimientos reconoces en ti en este momento?

➤ ¿Sientes que esta práctica te ayuda a crecer? Si es así, ¿en qué y para qué te es útil este crecimiento?

➤ ¿Percibes algún cambio en tus ideas anteriores luego de hacer este ejercicio? De ser así, ¿cuáles?

Capítulo 13

Nadie me lo contó… Yo lo viví en el 2019

Nunca dejó de sorprenderme el hecho de que cada decisión, como cada paso que elegimos dar, nos llevan por uno u otro camino. La vida se bifurca a cada instante y en ese instante redirigimos nuestro destino.

¿Cómo llegué a Ciudad Juárez? ¿Cuántas bifurcaciones hubo en el camino que hicieron posible aquel destino? ¿Qué decisiones tomé sin saber a ciencia cierta a dónde me llevarían?

Acepté dar una clase y esa clase me llevó a una alumna, Cecilia Eugenia Valdez Gutiérrez, quien llevó lo que escuchó a oídos de una ONG, el Instituto de Atención Especial a Niños, A.C. Su Directora Ejecutiva, Diana Domínguez, me contactó y yo acepté su propuesta: dar una conferencia como parte de su programa de procuración de fondos. ¿En dónde? En Ciudad Juárez, México.

Me pregunté ¿dónde queda? ¿Es la famosa del cartel del narcotráfico? Busqué en Internet y por primera vez la ubiqué en el mapa y sí, efectivamente, se trataba del lugar del que había oído hablar en las noticias. Estaba catalogada como la ciudad más peligrosa del mundo y donde ocurren la mayor cantidad de femicidios. Si había un lugar al que no imaginé llegar con la *Apreciatividad* era Ciudad Juárez.

Lo conté a mis amigas, colegas de trabajo y a mis hijos; todos hicieron bromas al respecto porque nadie creía que prosperara o que se tratara de algo serio. Sin embargo, con el correr de los meses las posibilidades de ir a esta ciudad comenzaron a cobrar fuerza. Cuando ya todo indicaba que viajaría, mi familia y amigos dejaron de hacer bromas y me pidieron seriamente que tomara recaudos para mi viaje. Me sugirieron que exigiera protección, quizá hasta un auto blindado, que averiguara bien quiénes me contrataban y otras tantas recomendaciones. Sonaba extraño que con todo lo que se decía de Ciudad Juárez hubiera personas allí interesadas en la *Apreciatividad* y la consideraran una habilidad fundamental para que los ciudadanos, las empresas y las organizaciones sociales lograran construir un mejor futuro.

Desde el principio supe que si la vida me llevaba a aquel lugar era para algo y que a mí me correspondía hacer mi parte: entregarme con todo mi corazón y pasión para que la *Apreciatividad* se aloje en el sentir de sus habitantes.

El 11 de octubre de 2019, un año después del primer contacto, estaba aterrizando en México y dando una conferencia ante más de 400 personas y comenzando un ciclo de talleres para importantes empresas fronterizas. Recién entonces supe que Ciudad Juárez posee otros primeros puestos, además de su peligrosidad y las muertes de numerosas mujeres. Juárez es también una de las ciudades con mayor cantidad de organizaciones civiles y solidarias del mundo y también ostenta el primer puesto en los niveles de resiliencia de sus ciudadanos. De esto no había escuchado hablar en las noticias internacionales. Conocí otra cara de Juárez, donde abundan personas que no niegan lo que ocurre, pero que han decidido hacer algo para construir una realidad distinta, aun en medio de la miseria humana y de la mirada desesperanzada de muchos. No son incrédulos que endulzan la realidad para que parezca bonita, son los protagonistas cotidianos de una ciudad donde conviven muchas realidades. Puede que una realidad prevalezca sobre la otra, pero no podemos negar que todas co-construyen la vida de esta ciudad e impactan en los niveles de bienestar de las personas. En el caso del Instituto de Atención Especial a Niños, la fundación que me contrató, ochenta chicos son beneficiados con la educación de calidad que ellos les brindan, y no solo la vida de estos niños se vuelve más saludable y prometedora; por imitación cultural, también lo serán las vidas de sus familias y las de sus futuros hijos. Hace unos días el diario *El País* publicó las treinta imágenes del año y entre ellas estaba la del muro construido entre Juárez y la ciudad fronteriza de El Paso, en Estados Unidos.

De las treinta fotos publicadas había dos situaciones que yo había presenciado en el año 2019: las manifestaciones en Santiago, Chile, y cómo se vive en la frontera cuando se construye un muro.

Es verdad, hay un muro nuevo que divide ambos países y muchos intentan saltarlo, pero, como muestra la foto, también están los que han construido algunos sube y baja para que los niños de Estados Unidos y México jueguen allí. Donde algunos intentan separar otros intentan acercar.

Hay que mirar más allá del sube y baja para ver que no solo se trata de un simple juego, sino que además es un ejemplo de otros modos de afrontar la vida. Quienes los construyeron pueden ser tildados de ingenuos, pero numerosos estudios dan evidencia del impacto positivo que este tipo de actitudes provoca en la vida de las personas.

"Estuvimos tentados de irnos de la ciudad –me dijo Regina luego de contarme la conmovedora historia del secuestro de su hijo–, pero luego toda la familia decidió continuar aquí. Aquí habíamos echado raíces y era nuestro lugar. Decidimos entonces trabajar y comprometernos a crear una Juárez distinta".

Ella y Pablo, su esposo, son los fundadores del Instituto de Atención Especial a Niños, y forman parte de la otra realidad que también hace a la identidad de Ciudad Juárez y de la que no cuentan las noticias.

Muchos años creí que la actitud, por sí misma, no es suficiente para alcanzar ciertos objetivos, pero hoy, que soy una mujer que vivió experiencias fuertes en la vida, aprendí que la actitud es el combustible indispensable para crear nuevas realidades. Es verdad que no es una garantía, pero también es verdad que sin ella la transformación se vuelve improbable.

Sueño que los años por venir sean años con actitud transformadora. No espero un mundo perfecto porque eso es una utopía que solo nos haría sufrir. Aspiro a aceptarnos como seres humanos, imperfectos, en busca de una perfección que nunca llegará porque no existe, pero que es en el camino de su búsqueda donde la imperfección se vuelve valiosa y productiva.

¡Llegó el momento de la acción!

Juguemos a ser periodistas

La propuesta es buscar noticias cuyos protagonistas no se hayan resignado ante una adversidad, sino que fueron capaces de diseñar con el potencial del presente una nueva realidad. Personas como las que ante un muro arman un sube y baja, o como las que ante el dolor y la irracionalidad de un asesinato crean escuelas de calidad para niños huérfanos.

Un buen ejercicio es tomar el periódico y con un marcador de color rojo subrayar las "malas noticias", plagadas de resignación, y con un marcador verde subrayar las "buenas noticias" que muestran optimismo y actitudes de cambio positivo.

Cuando tengas todo el periódico subrayado podrás darte una idea muy visual del color al que mayoritariamente se enfocan las noticias. ¿Esto quiere decir que no hay buenas noticias? No, esto quiere decir que las noticias malas son más peligrosas para nuestra supervivencia, por lo cual las personas prestamos mucha atención a ellas y los comunicadores de noticias lo saben. Necesitamos saber por dónde anda un ladrón, por dónde hay un terremoto o dónde está el tráfico cortado porque esto puede afectar negativamente a nuestra vida.

Tengo una frase en la pared de mi estudio para recordarme que lo que veo en las noticias no es la única realidad: "Ayer despegaron dos mil aviones y todos aterrizaron sin problemas". Lo que vemos en las noticias no es que sea mentira, pero no es lo único que pasa en el mundo. Las buenas noticias son casi invisibles y debemos estar atentos a la cantidad de noticias negativas que consumimos a diario porque un exceso puede afectar negativamente a nuestro florecimiento. Es recomendable ampliar la mirada para incluir otra parte de la realidad, que también existe, pero que las noticias no suelen contar. Los seres humanos necesitamos mantener viva nuestra mirada hacia lo positivo para disponer de más recursos que nos ayuden a construir nuestra vida, además de mantener un mayor número de emociones positivas que se necesitan para una existencia floreciente.

Elige una de las noticias que subrayaste de color verde e indaga con más profundidad en ella.

- ¿Qué palabras y frases positivas usan sus protagonistas? (en caso de que se trate de una entrevista).
- ¿Qué actitudes y comportamientos hicieron la diferencia?
- ¿Qué es lo que más ha resaltado el periodista?
- ¿Qué beneficios aporta esta noticia a otros y al mundo?

Tómate un momento de reflexión:

- ¿Qué no haces por resignación o porque crees que nada de lo que hagas va a impactar o cambiar la realidad?
- ¿Qué pequeño paso podrías dar para salir de la inmovilidad?
- ¿Qué beneficios tendría esto en ti y en tu micromundo?

Pasa a la acción:

Cambia alguna realidad de tu mundo, busca una acción positiva que puedas llevar adelante la próxima semana.

Puedes comenzar con un gran cambio si lo deseas, pero es recomendable que comiences con algo pequeño porque lo importante es que lo hagas; si es demasiado grande, existen altas posibilidades de que abandones tu práctica. Pequeños pasos cada semana pueden llevarte a resultados muy deseados.

Utiliza los recursos a tu alcance, deja por un rato de ser razonable y eficaz y tómate un tiempo para mirar "por la ventanilla", es decir, deja el libro que llevas o para de responder correos en tu viaje al trabajo y solo disfruta del paisaje. Repite esta práctica en diferentes momentos de tu día, por ejemplo, no leas ni utilices tu teléfono en el bar y mientras tomas tu café solo dedícate a mirar en profundidad tu entorno. Resérvate tiempo en la agenda semanal para esta práctica.

Luego, con tu mente llena de descubrimientos y libre de ocupaciones (¡y preocupaciones!), escribe todas aquellas ideas que vengan a tu mente para ponerte en movimiento y alcanzar el cambio que deseas en tu micromundo.

Tómate un buen rato para hacerlo y cuando sientas que se te han acabado las ideas, pregúntate ¿qué más? y anota todas sin discriminar por excéntricas o inalcanzables. Luego de conseguir una buena producción es momento de pasarlas por un tamiz y quedarte con aquellas que pueden asegurarte una mayor efectividad.

Reúne las ideas, elimina las reiterativas y organiza las resultantes según algún criterio.

Ahora selecciona aquellas que más se ajustan a tu objetivo. Tres o cinco ideas serán suficientes.

¡Ponte en acción!

> ❖ **Recuerda: explorar, descubrir, valorar y expandir.
> ¡Hazlo crecer!**

Preguntas reflexivas

- ➤ ¿Qué aprendizajes y descubrimientos encuentras en esta experiencia?
- ➤ ¿Qué beneficios te deja esta práctica? ¿Cuáles a quienes te rodean?
- ➤ ¿Qué emociones y sentimientos reconoces en ti en este momento?
- ➤ ¿Sientes que esta práctica te ayuda a crecer? Si es así, ¿en qué y para qué te es útil este crecimiento?
- ➤ ¿Percibes algún cambio en tus ideas anteriores luego de hacer este ejercicio? De ser así, ¿cuáles?

Capítulo 14

Más allá de lo obvio

Cuando Ezequiel, mi hijo mayor, me propuso sumarme al viaje que tenía programado con su prima María de la Paz, no lo dudé un instante. Tres días después de su propuesta ya estábamos en la ruta, felices de compartir este plan. Primera parada, Neuquén, luego San Martín de los Andes y finalmente Bariloche. En esta última ciudad elegimos hospedarnos en un hermosísimo y tradicional hotel, el Llao Llao, emplazado en un paradisíaco lugar frente al lago Nahuel Huapi.

Había podido organizar todos mis compromisos laborales, salvo una conferencia que no pude reprogramar, pero que podía dar de manera virtual desde el hotel.

Al llegar le pregunté a la recepcionista si había un lugar donde podía estar tranquila durante dos horas y la joven me recomendó una sala de lectura situada en la otra ala del hotel y a la que nadie iba en esa época del año.

A la mañana siguiente, luego de caminar largo rato y de subir a varios ascensores, llegué al lugar. Eran las 11 am.

La sala se veía hermosa, tenía un enorme ventanal de piso a techo de unos doce metros de largo que dejaba ver, a través de sus transparentes cristales, un imponente paisaje. No se trataba de un típico ventanal recto sino de uno que iba formando una curva en todo su largo y daba la sensación de una toma fotográfica con efecto ojo de pez. Suena perfecto, ¿verdad? Lo era.

Desde antes de la pandemia proyectaba la idea de ir unos días a escribir junto a un lago, pero no había imaginado que la vida me presentaría algo tan especial.

Era una postal de montañas cubiertas de nieve, un pequeño muelle, verdes y agrestes pinos y la inmensidad del cielo poblado de nubes que parecían ser la continuación del color blanco de los picos nevados.

El movimiento del agua del lago atrajo mi atención, se movía a un ritmo lento que hipnotizaba; los juncos de la orilla acompañaban su danza y las montañas erguidas parecían estar contemplando la escena. De fondo las nubes tenían su propio danzar, y le sumaban su impronta y belleza a la melodía del agua. La naturaleza sabía de combinaciones de tonalidades y había creado su propia carta de colores. Por mi profesión de diseñadora de envases miro colores todo el tiempo y allí parecía imposible que una paleta pudiera ser capaz de abarcar la totalidad de todos sus matices. Tampoco las palabras alcanzan para retratar ese instante. ¿Cómo describir el silencio? ¿Cómo narrar lo que sentí? ¿Con qué palabras puedo hacer que un otro vea lo que yo vi?

Lo intento, pero he de aceptar que solo llegaré a una aproximación; tal vez si el lector ya ha estado allí puede que mi descripción traiga a su mente recuerdos que le hagan revivir su propia experiencia, que quizá se acerque a la mía, pero nunca será la misma. Acaso los paisajes, mientras son contemplados, murmuran secretos distintos a cada observador y sea esa la razón por la que nunca tendremos las mismas experiencias… Tal vez.

Desde que llegué al hotel, el lobby y la sala de TV se veían todo el tiempo atiborradas de gente; sin embargo, en la alejada sala de lectura nunca vi a nadie, ¿será que las personas prefieren el bullicio? ¿Será que la soledad nos asusta? ¿Será que no conocían la existencia de aquel lugar? Vaya uno a saber, lo cierto es que gracias a estas ausencias yo estaba regocijándome.

Por momentos el paisaje abrumaba con tanta belleza. "Ayúdame a mirar", decía el niño de la historia de Galeano en *El libro de los abrazos* cuando por primera vez conoció el mar. No había nadie a quien pudiera pedirle que me ayudara a echar una mirada. Estaba sola yo con mis ansiosos ojos negros. Siento que no alcanzaron, pero lo intenté.

Tenía claro que si me detenía a contemplar el paisaje podía conocerlo más que si solo lo dejaba como un escenario de fondo. Así que decidí tomarme unos minutos para apreciarlo y mirarlo detenidamente con ojos curiosos, dispuesta a dejarme embelesar, conmover y asombrar por el espectáculo. ¡Qué privilegio!

De repente algunos rayos de sol se asomaron entre las nubes y le sumaron luz a la postal, agregando tonos plateados al lago y luminosidad al verde de los pinos; las nubes se habían desplazado, ocultando varios de los picos nevados de las montañas. En pocos minutos el paisaje cambió, las cosas aparecen y desaparecen de escena a medida que avanzan las agujas del reloj, el entorno es dinámico y estos cambios son apenas perceptibles durante su proceso.

¡Ahí está! Un pequeño bote que no había visto. Fue el reflejo del sol el que me hizo mirar a mi derecha, quizá fue una señal para hacerme notar que aún quedaban cosas para ver, y que mientras mis ojos curiosos y mi mente de principiante siguieran curioseando, el paisaje no estaría terminado.

Al ver la pequeña embarcación no pude quitarle la vista. Danzaba y su zarandeo sumaba al ambiente sonidos que antes no había escuchado.

Muchas de las personas que se alojaban en el hotel estaban viviendo a pura acción. Esquiaban, socializaban, iban de compras o de excursión, pero pocos habían invertido tiempo en la contemplación y la reflexión, por lo cual se irían de allí con una vaga imagen de los paisajes, habiéndolos conocido muy poco en profundidad. Dirán que son hermosos, impactantes o coloridos, hablarán de la sensación que les dejó el primer impacto, pero los detalles, esos que requieren tiempo y energía para ser disfrutados, se les habrán esfumado por falta de atención. Una pena, porque dedicar tiempo a la exploración positiva alimenta el alma y nos recarga de energía.

Así fue el primer día, pero… ¿cómo fue el último?

Bajé a la misma sala y como era de esperar, estaba desierta. Eran las 9 am.

Un sol radiante y un cielo diáfano me esperaban en el lugar, proponiendo un paisaje con tonalidades distintas a las de dos días atrás. En diseño usamos lo que se conoce como una guía o cartas pantone que permiten estandarizar e identificar los colores por medio de un código determinado para poder reproducirlos de manera exacta cuantas veces sea necesario. Sería como "el libro de recetas de colores". Existen diferentes cartas; por ejemplo, está la Pantone Maching System, que a su vez viene en su versión coated y uncoated; para decirlo fácil, muestra cómo se ve un mismo color impreso sobre un papel brillante y sobre un papel mate. Es decir, la misma tonalidad se ve diferente dependiendo del sustrato sobre el que está impreso. Allí, mirando el paisaje, parecía ocurrir lo mismo, como si el cielo diáfano de aquel día mostrara los colores en su versión coated y dos días antes, con el cielo nublado, los había impreso en su versión mate.

Ahora los azules se ven especiales, tienen más brillo y vivacidad. Los verdes son menos uniformes y muestran contrastes más marcados, incluso el techo de chapa de la entrada del muelle ya no presenta un verde musgo, sino que adquirió una vibrante tonalidad esmeralda.

A unos diez metros delante del ventanal había esparcidos sobre el pasto unos pilotes de madera y algunas herramientas que parecían ser parte de una obra en construcción, algo que no había percibido antes, tal vez porque eran elementos incorporados para un proyecto de reforma. Sin embargo, esa imperfección, por llamarla de algún modo, no me distrajo más que un instante de la belleza del lugar. ¿Qué haría un fotógrafo profesional si tuviera que tomar una foto para una revista de viajes? ¿Evitaría los pilotes y herramientas en su toma? ¿Los incluiría como parte de la presencia humana? ¡Vaya uno a saber! Personalmente, reconozco que no era la parte que más me gustaba de la escena, pero estaban allí y formaban parte de ella y tal como ocurre con la realidad, no era recomendable negar su existencia. Por suerte, y como también ocurre con la realidad, el panorama era más amplio y tenía la posibilidad de focalizar mi atención en los aspectos del paisaje que más me deleitaban.

Volví mi atención al lago. El agua se movía lenta y dos aves de plumaje blanco y negro avanzaban con ritmo suave y armónico, lo que parecía ser su paseo matinal. Las seguían de cerca dos revoltosos pichones de plumaje gris.

Los blancos picos nevados de la montaña contrastaban con el intenso celeste del cielo. El pico que estaba más alejado se encontraba enmarcado entre dos altas montañas y un rayo de sol lo iluminaba especialmente; parecía decir: ¡estoy aquí, mírenme!

Esta práctica de detenernos a ver con nuevos ojos un paisaje que ya hemos observado es muy útil para ser conscientes de las maravillas que nos rodean y de lo afortunados que somos, y al mismo tiempo también nos sirve para cobrar mayor pericia en el arte de adentrarnos más allá de lo obvio y lo que está en la superficie cuando se trata de personas. Al dedicar tiempo y atención a alguien damos una muestra clara de valoración. ¿Quién se detendría a escuchar y querer conocer más a una persona que no le interesa?

Recordemos que el deseo más profundo de todo ser humano es el de ser apreciado, y cuando sentimos ese aprecio se forja un profundo sentido de significado en la relación con el otro. Un entorno rebosante de apreciación es un caldo de cultivo para las emociones positivas y las relaciones saludables.

Mientras ejercito la práctica de conocer más en profundidad un paisaje voy experimentando la gratificación que da la sorpresa, la paz de la serenidad o el sobrecogimiento de la admiración, y cuando soy consciente de que he sido yo quien creó estos estados emocionales por medio del entendimiento profundo, entonces habré descubierto un gran poder en mí. No se trata entonces de una transformación del mundo a nuestro alrededor, sino de un cambio de conciencia. Es adentro, no afuera. La *Apreciatividad* es un cambio en la manera de mirarnos a nosotros mismos, a los otros y al mundo a nuestro alrededor para favorecer el bienestar y el florecimiento humano. Son las percepciones internas que nos acompañan a lo largo del camino de la vida las que hemos de poner en la mira y atender.

No es el afuera el que tiene el poder de embelesar, aunque obviamente la novedad influye. Cuentan que cuando Edison expuso el teléfono en una feria en USA la fila más larga no fue para conocer su invento sino para ver una banana, una fruta que al parecer en aquellos tiempos no era muy común en esas tierras. Hoy es muy poco probable que un teléfono o una banana nos produzcan asombro, salvo que los veamos expuestos en un museo. Acerquemos nuestra atención al caso de la obra "comediante" del artista italiano Maurizio Cattelan, que captó el interés mundial en la feria Arte Bael de Miami en el 2019 y que ahora está exhibida en Museo Guggenheim de Nueva York. Se trata de una banana real pegada con cinta a una pared y que se vendió en u$s 120.000 ¡No solo una vez sino en tres ediciones! No se vendió una fruta sino una idea, no les dieron a los compradores una obra sino un certificado de autenticidad y un manual de instrucciones adjunto que especifica el ángulo y la altura exactos para fijar la fruta a la pared (37 grados, unas 68 pulgadas sobre el suelo). La banana y la cinta no estaban incluidas.

Lo insólito es que otro artista, David Datuan, se comió la obra cuando estuvo exhibida en la Galerie Perrotin. "En este caso, no es como si hubiera comido arte", comentó Datuan. "Como dijo la galería, no es una banana, es un concepto. Y simplemente me comí el concepto del artista. Así que creo que esto es genial, es divertido, de eso se trata el arte".

Este arte provocador ilumina el comportamiento humano y social, mostrando al mundo de qué modo una simple banana puede cambiar por completo su valor y significado si se cambia el contexto que la rodea.

Parecerá loco, pero en este instante, mientras estoy escribiendo en una de las mesas de la vereda de un bar, pasa una chica comiendo una banana, pero en este contexto su valor ¡no supera los 10 pesos!

Dedicarnos a profundizar y conocer un paisaje, un objeto o una persona requiere de muchas de las actitudes y comportamientos que llevamos cuando vamos a un museo.

- Tiempo para contemplar
- Apertura a lo diferente
- Atención plena y presencia
- Disposición a descubrir lo profundo
- Avidez por conocer cosas nuevas
- Deseos de disfrutar
- Interés en conocer y aprender
- Apetito por indagar y preguntar

Estas son exactamente las mismas actitudes y comportamientos que necesitamos utilizar si queremos desafiar a la indiferencia y salir del automatismo que nos imposibilita conocer a las personas y las cosas en profundidad.

Las actitudes y comportamientos "de museo" también son muy útiles para poner freno a las distracciones que nos tienen saltando de un tema a otro, por ejemplo, de una noticia o de una página web a otra, sin adentrarnos en profundidad en ninguno de sus contenidos. Hay tanto para ver que cuando nos detenemos tenemos la sensación de estar perdiendo el tiempo. Hay mucho para conocer y el tiempo es finito y es entonces cuando cambiamos la indagación y el conocimiento profundo de algo por un paneo general y superficial, creyendo que de ese modo conocemos más y en verdad terminamos conociendo nada de mucho.

Con las personas nos ocurre igual; en las redes conocemos nada de muchos o, lo que es peor, conocemos solo una parte, aquella que las personas influenciadas por la cultura de sus entornos eligen mostrar públicamente. Hay una obsesión por la imagen corporal perfecta, el éxito y el materialismo superficial que está afectando el bienestar físico y emocional de mucha gente, en especial de los jóvenes. Las personas necesitamos conexión, reconocimiento, afectividad, cercanía sincera y esto está en falta en el entorno de las redes sociales. Obviamente, las redes tienen su lado positivo, como el de poder conectarnos con personas a las que años atrás hubiera sido difícil llegar o reencontrar; también ha gestado parejas felices y facilitado negocios entre personas de diferentes lugares del mundo, ¡esto es maravilloso y da prueba de que, tal como ocurre con las sustancias químicas, ninguna puede ser considerada tóxica o no tóxica, puesto que cualquiera es capaz de producir uno u otro efecto dependiendo de la dosis que se administre! Parafraseando a Paracelso –alquimista, médico y astrólogo suizo del siglo XVI–, "Todo es veneno y nada es veneno, solo la dosis hace el veneno".

La *Apreciatividad* es una de las habilidades más efectivas para mantener en equilibrio nuestras "dosis". Personalmente, creo que ese es uno de sus principales atributos y el de mayor utilidad.

Está bien la indiferencia, pero una "dosis" alta mata el bienestar.

Está bien escuchar las noticias, pero una "dosis" alta afecta la salud mental e incrementa las posibilidades de tener un mal día.

Está bien ocuparse de los problemas, pero una "dosis" alta reduce el crecimiento de lo bueno.

Está bien acostumbrarnos a lo bueno, pero una "dosis" alta trae una carrera loca por la novedad.

Está bien aprender de los errores, pero una "dosis" alta nos distrae de aprender de los éxitos.

Está bien un poco de pesimismo, pero una "dosis" alta trae angustia e incertidumbre.

Está bien un poco de optimismo, pero una "dosis" alta trae ingenuidad.

Está bien un poco de …, la lista es interminable.

Hasta aquí me he ocupado principalmente de describir procesos de apreciación, es decir, de la capacidad de apreciar y valorar. Un acto que en sí mismo tiene mucho impacto en nuestra salud mental y bienestar, pero este libro trata de *Apreciatividad,* con lo cual será necesario hablar de acción. Veamos a qué me refiero: el acto de apreciar ya es una acción en sí misma, pero cuando hablamos de *Apreciatividad* debemos sumar a esta acción nuevas y poderosas acciones que signifiquen dar un salto hacia delante, a un nivel superior que al solo hecho de distinguir lo valioso. Puede sonar extraño, pero hemos de cuidarnos de no caer en la trampa del aprecio, es decir, en no quedarnos estancados y embelesados por la tranquilidad que nos da saber que contamos con ciertos recursos y abundancia desde donde afrontar la vida.

Por ejemplo, muchas veces somos capaces de apreciar nuestros talentos y recursos, pero pocas veces hacemos algo con ellos; con suerte los despertamos y los usamos cuando la vida nos pone frente a situaciones adversas. Tomarnos el esfuerzo y el tiempo de hacerlos crecer y construir con ellos nuevas y mejores realidades cuando las cosas van bien no es lo que comúnmente hacemos.

Personalmente, la *Apreciatividad* que más me interesa, y de la que trata principalmente este libro, es justamente la que aparece cuando las cosas van bien y me importa especialmente ocuparme de ella por dos razones muy importantes:

1. Porque es la *Apreciatividad* que menos nos han enseñado a usar y desarrollar.
2. Porque es la que tiene mayor potencial e impacto en nuestro día a día.

Volvamos al principio de este capítulo.

La vida me topó con un hermoso paisaje, en un día en que las cosas iban bien. Dediqué tiempo y esfuerzo en apreciarlo y luego decidí hacer crecer esa experiencia y aprendizaje aún más. Me pregunté: ¿cómo puedo sacarle más brillo a esta experiencia? ¿Cómo puedo construir con esto valioso que acabo de encontrar nuevas y mejores realidades?

Lo que hice fue volver al lugar y revivir la experiencia de contemplarlo, de conocerlo más en profundidad. ¿Para qué? Para entrenar en mí esta capacidad que tenía disponible y que pocas veces practicaba y que me sería muy útil en el marco de mis relaciones. Encontré un paisaje hermoso y no me contenté con la experiencia del primer impacto; decidí hacer crecer esa experiencia, llevarla a un escalón más alto. No solo practiqué la apreciación del paisaje, sino que practiqué la *Apreciatividad*, es decir, tomé mi capacidad de profundizar y deliberadamente le saqué más brillo, dediqué tiempo y esfuerzo para entrenarla aún más. Este paradigma de hacer crecer lo mejor es muy revolucionario para muchas personas, ya que no es lo que nos han enseñado a la mayoría de nosotros, quienes hemos aprendido a andar por la vida reparando y arreglando lo que no marcha bien o no funciona. Algunos fuimos criados en entornos favorables para desarrollar el aprecio; este es un comportamiento bastante posible de encontrar en las personas y es en sí mismo muy ventajoso para la vida, pero lamentablemente mucho de ese aprecio se disipa cuando solo se lo deja en el estadio de distinción, reconocimiento o gratitud. Lo que es más difícil de encontrar son aquellas personas que van un escalón más alto y hacen crecer con acciones concretas su potencial, es decir, que ponen en práctica la *Apreciatividad*.

Algunas preguntas suelen ser muy útiles a la hora de elevar lo positivo y son las que las personas apreciativas se hacen, en muchos casos sin ser conscientes de ese proceso reflexivo previo a la acción.

¿Qué puedo crear con esto valioso que encontré? ¿Qué nuevas realidades me abrirá su desarrollo? ¿Cómo puedo generar más de mi hallazgo? ¿Cuáles de mis fortalezas le pueden dar un crecimiento exponencial a lo bueno? ¿A qué área de mi vida puedo llevar este descubrimiento para alcanzar algunos de mis objetivos?

Las respuestas a este tipo de preguntas pueden dar origen a un crecimiento exponencial a lo largo del tiempo; tal el efecto mariposa, donde un pequeño acto desencadena una serie de acontecimientos que provocarán grandes transformaciones.

Veámoslo con el ejemplo de la historia de este capítulo. La primera mañana tuve un momento de "¡Guau! ¡Qué hermoso lugar! ¡Qué bendición poder dar mi charla aquí! ¡La vista es preciosa!"

Luego tuve un momento "¡Ajá!", una revelación que me llevó a descubrir que había algo valioso en esta experiencia y tras esa revelación surgió una inquietud positiva: ¿cómo puedo hacerla crecer? Lo que me llevó a volver al lugar para practicar el aprendizaje o conocimiento profundo, una habilidad que tengo disponible pero que pocas veces entreno. Nuevas preguntas afloraron en mi mente y me aportaron valiosos descubrimientos. ¿A qué otra área de mi vida puedo llevar esta experiencia? Y mi respuesta fue: a las personas.

Luego de mi práctica de aprendizaje profundo en la sala de lectura fui a almorzar al restaurante del hotel y sorprendentemente tuve una inesperada y sabrosa conversación con los mozos del lugar. Mirado a la distancia es obvio el motivo de lo ocurrido: tenía a flor de piel mis ganas de llevar la práctica a las personas. Mientras lo hacía sentía despertar en mí estados emocionales positivos, como el interés y la admiración, y percibí que los mozos disfrutaban también de la experiencia. Y las cosas no quedaron allí; fue tan rico todo lo que encontré y descubrí que decidí escribir sobre ello y lo incluí en este libro.

Cuando me detengo a recorrer el camino que llevó a la concreción de algún acontecimiento de mi vida suelo descubrir que mis acciones previas no fueron inocentes, sino parte importante de su ocurrencia. Cuando mis acciones son realizadas en puntos de apalancamiento, es decir, en donde pueden provocar un mayor impacto, el crecimiento es aún más exponencial.

Nunca sabré con exactitud el impacto que aquella mañana de práctica en mis habilidades de profundización terminará produciendo en mi vida y en las personas y el mundo a mi alrededor. Por ejemplo, no sabré con exactitud a cuántas personas podré inspirar con este capítulo y si con su lectura cambiará el rumbo de la vida de alguien. Pero, a partir de los datos que sí he podido corroborar durante la experiencia, puedo asegurar que haber hecho expandir un potencial cuando las cosas iban bien fue más provechoso que haberme contentado con apreciar el paisaje del primer día o, lo que es aún peor para mí, darme cuenta de mi capacidad de profundización y dejarla relegada en un lugar de nimiedad hasta que la vida me ponga en aprietos y necesite hacer uso de ella.

Las cosas van bien y pueden ir mejor si ponemos la *Apreciatividad* en acción.

¡Llegó el momento de la acción!

SPA

A la mayoría de nosotros nos encanta un día de SPA y cuidado. Habitualmente, cuando pensamos en ello, las imágenes que vienen a nuestra mente son mimos para el cuerpo, masajes, relax y alimentación saludable.

Hoy quiero proponerte que habilites también un SPA para tu mente. La invitación es que tres veces a lo largo del día tomes conciencia de tu momento presente y durante un instante percibas lo mejor y más valioso que ese momento te regala. Puede ser la posibilidad de compartir un espacio con alguien especial o simplemente el hecho de saberte saludable y que puedes valerte por ti mismo. O, tal vez, que estás cobijado en un lugar cálido mientras en la calle llueve y hace frío.

El acrónimo SPA te dará los pasos a seguir:

STOP – Paro, detengo mi mente tomando conciencia de una inspiración y una exhalación.

PERCIBO – Tomo ahora conciencia de mi cuerpo, mis sensaciones y emociones, y también del afuera, de dónde y con quiénes estoy.

APRECIO – Capturo y rescato algo valioso y preciado de ese instante.

Este ejercicio te llevará apenas unos segundos, incluso puedes hacerlo mientras estás en una reunión de trabajo o conversando con un amigo. El tiempo que te toman tres inspiraciones y tres exhalaciones lentas es suficiente. Nadie tiene por qué notar que fuiste durante un instante al SPA. Puedes practicarlo, por ejemplo, en este mismo momento.

Este ejercicio es muy simple, pero a la vez muy complejo, porque muy fácilmente olvidamos hacerlo. Se dice que un remedio nos hace bien no solo porque sea bueno sino porque nos acordamos de tomarlo.

Una manera de recordar la práctica puede ser colocando alarmas en tu celular. Otra, utilizar una app como, por ejemplo, Mindfulness Bell, que replica el sonido de un cuenco tibetano, suave y casi imperceptible para los demás. Solo tú conocerás que el sentido de ese sonido es recordarte tu práctica: hora de ir al SPA. ¡Que lo disfrutes!

Próximo paso: Profundizar

Si bien siempre recomiendo el uso de una libreta, hoy es posible también usar el celular para nuestras anotaciones. Registra los hallazgos de tus experiencias de SPA a lo largo de tu día y una vez a la semana tómate unos minutos para experimentar un momento de SPA más profundo y extenso. Vas a conocer más el mundo que te rodea, a volverte muy curioso de él y un experto buscador de sus maravillas. Puedes enriquecerte al profundizar en el conocimiento de una persona, paisaje, película o canción, y de seguro cada vez que lo hagas encontrarás cosas que no habías visto antes. Esto puede parecer una pérdida de tiempo para la carrera loca en que vivimos, pero la falta de su práctica tiene consecuencias nefastas para el hallazgo de lo valioso, que pasa a tanta velocidad y se escurre de nuestra mente dejando a su paso solo ínfimas sensaciones agradables.

Damián, un amigo que es empresario y trabajó durante muchos años para una multinacional, me dijo un día:

—Por mi trabajo he viajado un montón. Conozco muchos países, incluso algunos a los que poca gente ha ido… Bueno, en verdad solo conozco sus hoteles y aeropuertos porque vivía a tanta velocidad que no le dedicaba tiempo a conocer su gente y su cultura.

Tener sellos en nuestro pasaporte no nos hace viajeros. Conocer requiere tiempo de contemplación.

Hace unos días Matías, el profesor de teatro, nos

pidió que leyéramos para la siguiente clase una obra de Tennessee Willams, *Háblame como la lluvia y déjame escucharte*. Lo que habíamos leído cambió radicalmente cuando en el grupo debatimos durante una hora sobre la obra y la vida del autor. La idea que teníamos cambió al profundizar en ella; Martín nos dijo que para que un actor interprete bien una obra de este tipo se le recomienda leerla no menos de ¡cuarenta veces!

Busca un escenario que desees explorar. Puede ser escuchar una canción que te guste, releer un libro, contemplar un paisaje u observar el comportamiento de alguien mientras tomas café en un bar.

Aquí algunas preguntas que pueden ayudarte con la experiencia de indagar y ahondar para encontrar tesoros:

- ¿Qué cosas distingo a primera vista?
- ¿Qué veo de nuevo si miro con más atención y detalle?
- ¿Qué cosas positivas llaman mi atención?
- ¿Qué de lo que descubro puede ser un recurso útil para mi vida?

❖ **Recuerda: explorar, descubrir, valorar y expandir.**
¡Hazlo crecer!

Preguntas reflexivas

➤ ¿Qué aprendizajes y descubrimientos encuentras en esta experiencia?

> ¿Qué beneficios te deja esta práctica? ¿Cuáles a quienes te rodean?
> ¿Qué emociones y sentimientos reconoces en ti en este momento?
> ¿Sientes que esta práctica te ayuda a crecer? Si es así, ¿en qué y para qué te es útil este crecimiento?
> ¿Percibes algún cambio en tus ideas anteriores luego de hacer este ejercicio? De ser así, ¿cuáles?

Capítulo 15

Fluir con la vida

Hace un tiempo, Guido, mi hijo menor, me envió un meme que le compartió un amigo por WhatsApp:

> —*Papá, ¿por qué las personas que andan en skate se ven felices?*
>
> —*Mira, hijo, en mi opinión están locos, tienen una filosofía rara, ellos piensan que son libres y disfrutan del viento en la cara, del polvo, de la lluvia, del sol y de todas esas cosas. A sus amigos los llaman hermanos, se ayudan entre ellos, se saludan sin conocerse. Cuando se bajan de su tabla, se abrazan como si hace años no se vieran, así viven sus días…*
>
> —*Papá…, ¿me compras una tabla?*

Cuando Guido tenía alrededor de diez años pidió de regalo una tabla de skate, no recuerdo si fue para su cumpleaños o para una Navidad.

Obviamente, recibió su tabla, pero no imaginé en aquel momento cuánto ese obsequio transformaría su vida para siempre.

Rápidamente aprendió a andar y se pasaba largas horas practicando en el espacio de juegos del edificio donde vivíamos, pero fue creciendo y ese lugar ya no lo entusiasmaba. Quería andar en la calle, el lugar en donde el skate se vuelve fascinante. Escaleras, barandas y rampas pasan a ser el escenario en donde estos deportistas quieren lucirse. Como madre esto no me gustaba, tenía miedo. Miedo a la calle, miedo a los golpes y accidentes, miedo a las compañías, miedo a los robos.

El skate estaba apenas en sus inicios y no se conocía mucho sobre este deporte. Nada del skate me gustaba, los chicos estaban siempre desaliñados, con una de las zapatillas agujereadas y la otra impecable –aprendí que se gastan distinto–, lo que era además ¡un presupuesto! Pero lo que verdaderamente no toleraba era verlo con un cordón de zapatillas como cinturón porque las hebillas de los cinturones tradicionales le molestaban al andar. Eso para mí modelo mental ¡era propio de un linyera!

Cuando llegó a los quince años el skate ya estaba instalado en su vida y yo aún no había logrado acostumbrarme. Mis miedos crecían y a medida que aumentaban sus horas en la calle y la complejidad de los saltos, yo apoyaba menos las actividades del skate.

Hoy, a casi veinte años de aquel aparentemente frívolo regalo, me doy cuenta de que no supe capturar el espíritu de este deporte. De haberlo hecho seguramente hubiera sufrido menos y hubiese compartido más momentos y charlas enriquecedoras con mi hijo. Hoy debo darle las gracias al skate por todo lo que aportó, lo que aporta y, lo que estoy segura, continuará aportando a la felicidad de Guido. Debo darle las gracias por los valores que le transmitió, por los amigos que cosechó, por las experiencias que le permitió vivir, por las ciudades del mundo que le hizo conocer y por distender hoy su mente al final de su día laboral. También, por entusiasmarlo a crear su proyecto de ropa urbana inspirada en la filosofía de este deporte y su afición a la fotografía, producto de su anhelo por capturar los mejores saltos. Por enseñarle a disfrutar del aire libre, a valorar un día de sol y a sentir el placer de la brisa en su cara. Por enseñarle a fluir.

Cuando leí el meme aquel día, una gran alegría me invadió. Me alegré de que a pesar de mi falta de apoyo él persistiera en su pasión. Cometí un error.

Mi manera de mirar el mundo, mis miedos y mi exceso de cuidado no fueron los más favorables para propiciar su pasión por este deporte. Había otros caminos posibles, podía haber hablado de mis dolores, pero elegí el rechazo y la crítica y mientras ello duró no aporté ni a nuestra felicidad ni a nuestra relación.

Flow es un término muy usado en el mundo de la psicología positiva y curiosamente también en el mundo del skate. Estos deportistas lo usan para describir la sensación indescriptible que sienten cuando logran en su salto una conexión tal que no hay separación entre su tabla y ellos, son uno solo viviendo un instante en donde fluyen de tal modo que pierden noción del tiempo, del mundo y la total conciencia de su cuerpo.

Para la psicología positiva se trata de una total conexión con el momento presente en el que damos lo mejor de nosotros por el solo placer de hacerlo sin buscar con ello reconocimientos ni réditos extrínsecos.

La mayoría de las experiencias de flow de los skaters ocurren sin espectadores ni aplausos. Su felicidad es netamente intrínseca, disfrutan de la alegría y el orgullo de haberse superado a sí mismos. Cada salto logrado es rico en nutrientes para su autoestima y autoconfianza.

Mihaly Csikszentmihalyi, psicólogo y académico, reconocido como el más importante investigador del mundo en el tema de la psicología positiva y famoso por su creación de la teoría del flow, ha proporcionado mucha evidencia científica sobre la estrecha relación que el flow tiene con nuestros niveles de felicidad y su impacto en la vida de las personas.

Ya no tengo edad para andar en skate, pero la sensación de fluir no es privativa de estos deportistas; le pertenece a la vida, lo que la provoca no es la actividad en sí misma sino el modo en que somos capaces de comprometernos e involucrarnos con ella. Yo, por ejemplo, la encuentro en escribir y también en bailar, tal cual lo describí antes en el relato en el que cuento que bailé tango con un apuesto y desconocido alemán.

¡Llegó el momento de la acción!

Placer y disfrute

—Hubiera sido mejor —dijo el zorro— que vinieras a la misma hora. Si vienes, por ejemplo, a las cuatro de la tarde, desde las tres yo empezaría a ser dichoso. Cuanto más avance la hora, más feliz me sentiré. A las cuatro me sentiré agitado e inquieto, descubriré así lo que vale la felicidad. Pero si tú vienes a cualquier hora, nunca sabré cuándo preparar mi corazón… Los ritos son necesarios.

—¿Qué es un rito? —inquirió el principito.

—Es también algo demasiado olvidado —dijo el zorro—. Es lo que hace que un día no se parezca a otro día y que una hora sea diferente de otra...

El objetivo de esta tarea es que incorpores a tu vida rituales que aumenten tu bienestar. El desafío será desarrollar placer y disfrute en aquellas actividades que no te resultan placenteras pero que es preciso realizar porque son necesarias y funcionales para tu vida. Puede tratarse de algo relacionado con el ámbito laboral o con alguna actividad de mantenimiento, por ejemplo, conducir diariamente hasta tu trabajo y, tal vez, preparar la cena o ir al supermercado.

Elige una en la que quieras focalizarte esta semana:

....

Pon en movimiento una tormenta de ideas y anota seis posibles rituales que puedes llevar a la práctica al realizar esta actividad y que podrían aumentar las posibilidades de generarte estados emocionales positivos.

Puede ser, por ejemplo, escuchar tu clase de inglés durante tu viaje al trabajo; escuchar tu música preferida mientras haces las compras en el súper, o buscar recetas nuevas y fáciles para preparar la cena. También puedes desafiarte a terminar antes un trabajo que te tiene dando vueltas y premiarte por ello; o buscar formas divertidas de hacerlo aunque este no sea el camino más rápido.

También te recomendamos que, al diseñar los rituales, tengas presente tus capacidades y fortalezas y veas la forma de incluirlas en ellos.

Crear tus rituales requerirá que definas comportamientos muy precisos y los pongas en práctica en momentos específicos.

Anota aquí los rituales.

....

....

....

Ahora toma un dado y arrójalo. A continuación señala el ritual de la lista que corresponde al número que salió y anótalo en el siguiente recuadro:

<table><tr><td>

</td></tr></table>

Define claramente de qué modo, cuándo y con qué periodicidad ritualizarás esta actividad:

....

....

....

....

....

¡Ahora ya estás listo para comenzar tus rituales!

¿Recuerdas la palabra *Galumphing*, inventada por Lewis Carroll que ya mencioné y que se cree tiene su origen en la mezcla de *gallop* y *riumphant* (galope y triunfante) y que Alicia utilizaba al describir su ritual para disfrutar del camino?

Transita esta semana por la vida dando saltos en lugar de caminar, toma el camino más pintoresco en lugar del más corto e interésate en los medios más que en los fines.

Crea obstáculos voluntariamente en tu camino, ¡¡¡y diviértete superándolos!!!

> **❖ Recuerda: explorar, descubrir, valorar y expandir.**
> **¡Hazlo crecer!**

Preguntas reflexivas

- ➤ ¿Qué aprendizajes y descubrimientos encuentras en esta experiencia?
- ➤ ¿Qué beneficios te deja esta práctica? ¿Cuáles a quienes te rodean?
- ➤ ¿Qué emociones y sentimientos reconoces en ti en este momento?
- ➤ ¿Sientes que esta práctica te ayuda a crecer? Si es así, ¿en qué y para qué te es útil este crecimiento?
- ➤ ¿Percibes algún cambio en tus ideas anteriores luego de hacer este ejercicio? De ser así, ¿cuáles?

Capítulo 16

Un vaso de agua, un refugio para el frío…, una caricia

Era un viernes ya de noche y descansaba en el living de casa. Había terminado de comer un sabroso sushi acompañado de una cerveza y me disponía a mirar *La casa de papel*. Tokio me tenía atrapada y Salva ponía mi cerebro en jaque en cada capítulo. De repente escuché el sonido de una fuerte frenada y unos instantes después el estruendo de un gran impacto. Me levanté de un salto del sillón y me asomé al balcón para ver qué había ocurrido. Al parecer, un conductor que venía a fuerte velocidad por la avenida perdió el control del auto, que impactó contra una camioneta, luego chocó con otro auto y terminó en medio de la avenida. Rápidamente el lugar se llenó de gente. Un joven de veintitantos años bajó del auto junto a dos chicas que parecían de la misma edad; por suerte se los veía bien. Me quedé observando los acontecimientos desde mi balcón. Comenzó a llegar la policía, y se formó una pequeña

263

multitud con los dueños de los autos que el joven había chocado, los vecinos y varios transeúntes curiosos. Todos hablaban a la vez, un ruido confuso de gritos y voces se adueñó del lugar. No entendía lo que decían, pero deduje por su gestualidad que algunos increpaban a los jóvenes, otros les pedían su documentación y no faltaban los que solo curioseaban y opinaban. Veía gente agitada y algo me llevó a bajar.

Tomé mi campera, hacía mucho frío aquella noche, y salí. Me fui abriendo paso entre la gente y saludando a algunos vecinos hasta llegar a dos chicas que parecían las que vi de acompañantes; estaban solas en un costado del edificio. Les pregunté si ellas venían en el auto y me respondieron:

—Sí —con algo de reticencia.

Creo, temían que las regañara. Les comenté que vivía en el edificio y si yo podría ayudarlas si necesitaban algo. Me miraron sorprendidas y me dijeron:

—Un vaso de agua.

Subí a casa, tomé una botella de agua mineral de la heladera y dos tazas, y bajé. Mientras les servía su agua se acercó el chico que manejaba el auto. Por su relato concluí que estarían allí una hora más esperando a la grúa. Les dije entonces:

—Vengan, vamos al hall a esperar. Acá hace frío.

Caminamos entre la gente, nadie nos detuvo ni hizo comentarios, el joven no paraba de llorar. Cuando nos sentamos en los sillones del hall le acaricié su espalda en silencio. Pensé en mis hijos y en cómo se sentirían ellos si vivieran una situación semejante; de solo imaginarlo mi pecho se oprimió. Mientras estuvimos juntos en el hall apenas conversamos, solo les regalé mi compañía y alguna caricia. Me quedé un rato con ellos mientras la muchedumbre seguía afuera en acalorados debates sobre lo ocurrido. Un rato después se sumó Ricardo, el encargado del edificio, así que me despedí de los jóvenes y le pedí a él que por favor les abriera cuando llegara la grúa.

A la mañana siguiente salí temprano a trabajar y al cruzarme con Ricardo le pregunté cómo había terminado todo. Me dijo que muy bien, y agregó que estaba sorprendido por el comportamiento del padre del joven conductor. Me contó que cuando el padre terminó de organizar que la grúa se llevara el auto de su hijo, se acercó al muchacho y, entregándole la llave de su propio auto, le dijo:

—Manejarás de regreso a la casa. Espero que lo que ocurrió te sirva de aprendizaje, pero ahora lo más importante es que no te quedes con miedo. Ricardo concluyó:

—Yo no le daría la llave de mi auto, ¡ni loco!

Su relato fue dibujando una sonrisa en mi rostro, y esa tarde conté esta anécdota a los alumnos de una clase como un ejemplo de pensamiento crítico apreciativo.

La noche del viernes había muchas personas en el lugar del accidente analizando y opinando sobre lo ocurrido, pero nadie detuvo su atención y compasión para con los tres jóvenes quebrados emocionalmente. No tenían lesiones físicas, pero sí lesiones emocionales que necesitaban ser atendidas. Un vaso de agua, un poco de reparo para el frío y un mimo podían curar un poco sus heridas.

Al rato de llegar a casa el sábado en la tarde, luego de mi clase, escuché sonar el timbre. Era Ricardo, traía una bolsa de regalo de un bonito color verde en su mano. Me la entregó y me dijo:

—Trajeron esto para usted hoy al mediodía. Me pidieron que se lo dé y le diga gracias. Pero no quisieron dejar nombre ni teléfono. Es en agradecimiento por lo que usted hizo por ellos anoche. Por el vaso de agua y por acompañarlos.

Abrí la bolsa y dentro había una delicada caja de bombones. Mis ojos se llenaron de lágrimas al ver la caja de pana verde y finas letras doradas. Levanté la vista, miré a Ricardo, le sonreí y cerré lentamente la puerta como lentificando el tiempo para no dejar ir de mi cuerpo esa extraordinaria y hermosa sensación de estar siendo reconocida y valorada. Supe allí que lo que había hecho la noche anterior fue significativo para aquellos jóvenes y que compartir un vaso de agua significó mucho más que el simple hecho de saciar su sed. Comprendí que en cada sorbo ellos bebieron el agradecimiento de ser vistos por un otro con empatía y compasión por lo que estaban viviendo. Casualmente (o no tanto) faltaban apenas unos días para el 13 de noviembre, Día de la Amabilidad y la Generosidad, y yo estaba viviendo en carne propia lo que estas acciones generan en nosotros y reconfirmando que no solo los grandes acontecimientos hacen la diferencia; las pequeñas acciones también son importantes. Confieso que cuando escucho hablar despectivamente de las nuevas generaciones, como entes que solo son capaces de estar frente a una pantalla o que únicamente les importa el último modelo de celular, me duele. Me duele que no podamos verlos más allá de esto y darnos cuenta de que cuando reciben afecto y se sienten reconocidos tienen las mismas sensaciones y sentimientos que tenía mi abuela, que tengo yo y que tendrán mis nietos. Sentirnos apreciados no tiene edad y no hay centennials que no respondan al aprecio.

Quizá nos corresponde a cada uno de nosotros reflexionar acerca del modo en que mostramos el aprecio y preguntarnos si la manera en que lo hacemos es la más efectiva. El mundo cambia, se transforma, y las maneras de demostrar nuestro aprecio también van mutando. Mi abuela amasaba ravioles los domingos, me ponía la ropa al lado de la estufa para que en las mañanas de invierno sintiera esa tibieza en mi cuerpo. Yo nunca amasé ravioles ni tengo estufas en mi casa, pero aprendí a armar playmovil y a comer hamburguesas con cajita feliz una vez al mes. A veces impactamos solo con un vaso de agua o un mimo, otras necesitamos aggiornarnos y ser creativos para que nuestro aprecio tenga impacto. Necesitamos acercarnos al mundo del otro.

Tres veinteañeros compraron bombones, invirtieron tiempo y dinero con el único fin de mostrarme su agradecimiento, sin esperar ningún rédito con ello, porque no habían dejado ni teléfono ni email ni ninguna forma de contacto. Los jóvenes saben reconocer cuando son apreciados, también dar las gracias por ello y hasta son capaces de hacerlo con un esfuerzo extra.

¡Llegó el momento de la acción!

Colaboradores "invisibles"

Hay muchas personas a nuestro alrededor que parecen "invisibles" y que lamentablemente solo se vuelven visibles cuando notamos que nos faltan muchas de las actividades que estas personas realizan y con las que colaboran para que alcancemos nuestros objetivos o incluso para que nuestra vida sea más agradable.

El chofer del bus que nos lleva cada mañana es un gran colaborador para que podamos llegar a tiempo al trabajo. El portero de nuestro edificio nos hace la vida más agradable con su sonrisa de cada mañana o manteniendo la vereda siempre limpia e impecable. La maestra colabora con nosotros en la educación de nuestros hijos. Y podría continuar la lista: incluso nosotros mismos a veces somos "invisibles" ante la mirada de los otros.

Te propongo que selecciones a uno de tus "invisibles" habituales y que durante una semana lo hagas visible con comportamientos de reconocimiento.

Te cuento cómo lo hizo una alumna de mis cursos. Ella eligió hacer visible al barrendero de su cuadra. Una mañana pasó delante de él y amigablemente lo saludó y generó una breve conversación amigable y además le preguntó su nombre. Otra fría mañana le alcanzó un café y unos días después le regaló unos dulces. En ningún momento mencionó que se trataba de un ejercicio ni daba explicaciones de su generosidad, simplemente lo hacía.

Al cumplirse una semana se acercó al barrendero y le informó que lo había elegido para vivir una experiencia de aprendizaje; le contó todo lo que había aprendido gracias a este ejercicio y el valor y los aportes que su actividad tenían para su vida. Imagina la sorpresa para el barrendero y las emociones positivas que esta experiencia le generaron, alimentando su autoestima y autoconfianza. Imagina también el impacto que esta experiencia provocó en la alumna.

Recuerda que todo reconocimiento debe ser genuino y sentido, de modo que es importante que la persona que elijas para "hacer visible" sea una de la que genuinamente sientas que su tarea tiene un valor para ti.

Luego de terminar tu práctica, toca ir al futuro… Imagina cómo se vería tu vida y la de los "invisibles" que te rodean si llevaras adelante estas prácticas más a menudo.

- ¿Qué nuevos comportamientos aparecerían en tu día a día?
- ¿Qué impacto tendría esto en tu bienestar y en otras personas?
- ¿De qué modo puedes contagiar a otros para sumarse en esta aventura?

❖ **Recuerda: explorar, descubrir, valorar y expandir. ¡Hazlo crecer!**

Preguntas reflexivas

- ➢ ¿Qué aprendizajes y descubrimientos encuentras en esta experiencia?
- ➢ ¿Qué beneficios te deja esta práctica? ¿Cuáles a quienes te rodean?
- ➢ ¿Qué emociones y sentimientos reconoces en ti en este momento?
- ➢ ¿Sientes que esta práctica te ayuda a crecer? Si es así, ¿en qué y para qué te es útil este crecimiento?
- ➢ ¿Percibes algún cambio en tus ideas anteriores luego de hacer este ejercicio? De ser así, ¿cuáles?

¡Ya llegaste al punto de partida!

Si pudiste en este viaje vivir nuevas experiencias, indagar, reflexionar, resignificar, desaprender y aprender, entonces ahora te encuentras mejor preparado para iniciar nuevas travesías. Si dejaste que la curiosidad y la intuición te guiaran y te abriste a descubrir los tesoros que te deparó el camino, seguramente cargas ahora en tu maleta nuevas habilidades y recursos.

Avanzar un paso ya es un éxito y aunque hayas logrado incorporar solo algunas horas de Apreciatividad a tu vida eso es ¡un gran triunfo!

Recuerda que antes esas horas estaban ocupadas por la indiferencia y la negatividad y no aportaban calidad a tu vida. Si, además, practicaste de manera correcta (es decir que no solo practicaste el aprecio sino que además sumaste la acción y expandiste lo valioso), entonces es seguro que experimentaste cambios observables en tu realidad.

Si este viaje te dejó algunas respuestas que no tenías, ¡es maravilloso!, pero el recurso fundamental que debe aportarte, y que será imprescindible para tus próximas travesías, son nuevas y más preguntas.

Si te detienes en las respuestas te quedarás varado en este puerto. Las respuestas sin preguntas son como un viajero con un boleto de ida a un solo destino y esa no es la idea de este viaje, ni la forma más adecuada para viajar en la vida.

Así que he dejado para el final lo mejor, digamos que es tu premio por haber llegado hasta aquí; bueno, en verdad te fui entregando pinceladas de este premio a lo largo de toda tu travesía, solo que tal vez no lo notaste.

Parte del éxito de tu proceso se debe al trabajo efectivo que han hecho algunas de las buenas preguntas que hay en este libro, invitándote a revisar tu manera habitual de mirar y actuar en el mundo.

Vuelve atrás y subraya con azul todas las preguntas que encuentres en este libro (¡son muchas!), pero no todas son apreciativas, ni todas te impactaron del mismo modo. Así que, luego de marcarlas, resalta aquellas que consideres más apreciativas y las que te produjeron un mayor impacto. Puedes ayudarte calificándolas de 0 a 10 dependiendo de su impronta en ti.

Si eres de los que no les gusta escribir los libros te desafío a vivir hoy la experiencia de jugar y dejar tu sello en estas páginas. Si el libro que estás leyendo es prestado puedes entonces usar una libreta y anotar las preguntas que resaltarías. (Si eres el dueño del libro, ¡no hagas trampa! Esta recomendación es solo para los que tienen libros prestados).

Te daré una guía de lo que significan buenas preguntas apreciativas, aunque en verdad no existen las preguntas perfectas, sino aquellas que producen, o no, impacto positivo en la vida de las personas y las ayudan a su florecimiento.

Lo primero que vamos a aclarar es que no es lo mismo indagar que preguntar.

Si bien preguntar es la manera más frecuente de indagar hay preguntas que no son una indagación y hay maneras de indagar que no siempre se articulan utilizando la forma gramatical de la pregunta.

Por ejemplo: ¿Cómo no me di cuenta? ¿Cómo pudiste hacer una cosa así? ¿Creés que soy un imbécil? ¿Sos estúpido o te haces?

O en el clásico ritual de saludo: "Hola, ¿cómo estás?", "Bien, ¿y vos?", "Bien, gracias". Hay preguntas pero no acción indagativa.

Y en expresiones como: "Cuéntame qué sientes", "Me gustaría saber qué te sucedió". Hay indagación sin la forma gramatical de la pregunta.

El objetivo entonces es que te vuelvas un experto en construir preguntas indagativas. Cuando preguntes para saber y conocer más sobre los talentos, valores y recursos tuyos o de un otro; cuando preguntes para conocer más acerca de lo valioso y preciado de una experiencia y las emociones positivas y sensaciones que ha dejado; o cuando hagas preguntas para profundizar y encontrar la belleza y cualidades de un objeto, un paisaje o una obra, entonces sí estarás preguntando apreciativamente.

Una de las razones por las cuales las preguntas son tan efectivas es que nuestra mente no puede resistirse a ellas. Cuando alguien nos hace una pregunta, respondamos o no, comenzamos a hacer asociaciones y es este proceso cognitivo el que puede cambiar nuestra emocionalidad. Hagamos una prueba, ¿cómo fue tu primer beso? ¿Quién te lo dio? No hace falta que me respondas, yo sé que tu mente no se resistió y ya está buscando en el cuartito de los recuerdos.

Otro dato importante de las preguntas: no son triviales, siempre tienen un objetivo. Imagino que ya sabes cuál es el objetivo de las preguntas apreciativas, ¿verdad?

También son muy útiles para recuperar información que está allí pero que no sabíamos que la teníamos, algo muy ventajoso para encontrar tesoros.

Las hay abiertas o cerradas; una pregunta cerrada es aquella que solo puede responderse con sí o con no y una pregunta abierta es la que tiene muchas respuestas posibles, con lo cual suelen ser más poderosas ya que contienen material para continuar indagando.

Con algunas preguntas buscamos verificar una respuesta que ya sabemos:

—¿Aquí atiende el Dr. Pérez?

Con otras, buscamos saber más sobre un tema que desconocemos:

—¿Qué es lo que más te gustó de este libro?

Obviamente, son estas últimas el tipo de preguntas que necesitamos para conocer más sobre lo que tiene valor.

Más allá de estos rasgos, lo más poderoso de las preguntas es que tienen el poder de cambiar la realidad y Sócrates lo sabía. El arte de la mayéutica consiste en preguntar para ayudar a que aflore el saber; de hecho, el origen de esta palabra significa "dar a luz". Para Sócrates las preguntas son el medio para hacer que una persona llegue al conocimiento a través de sus propias reflexiones y no por medio de las respuestas de otros, confiando en que la verdad está oculta en el interior de cada uno de nosotros y es propia de cada individuo.

La mayéutica nace de la creencia de que el conocimiento se encuentra latente en nosotros y que es necesario descubrirlo y la indagación invita a hacerlo consciente. Ayuda a parir el saber a quien, sin serlo, se cree ignorante.

Las preguntas apreciativas buscan fervientemente sacar a la luz esas capacidades que la mayoría de las personas no saben que tienen y que, dado este desconocimiento, no pueden ponen al servicio de su vida. Todas las personas tienen habilidades apreciativas en mayor o menor medida y las buenas preguntas las llevan a descubrir y recuperar capacidades que tienen arrumbadas en algún rincón olvidado y las ayudan a desempolvarlas, traerlas al consciente y hacerlas útiles en su hacer diario. Es vivificante practicar buenas preguntas; para Sócrates, "una vida no indagada no merece ser vivida".

Hay algunos datos más que es bueno saber acerca de las preguntas, ya sea cuando las utilicemos para indagar en nosotros, como para hacerlo con otros. Veamos a qué me refiero.

En este libro te sugerí en reiteradas oportunidades que busques o crees el mejor contexto para hacer tus ejercicios y esto tiene una razón: el momento importa y las preguntas también funcionan mejor cuando el momento y el contexto son los adecuados. Seguramente recordarás algunas preguntas "fuera de tiempo", y también la efectividad de aquellas que fueron hechas en el momento oportuno.

La sinceridad también se nota; si quieres hacerte el apreciativo sin serlo las personas notarán una incoherencia entre tu conversación pública y tu conversación privada. Si tu pregunta no nace de un interés genuino no la hagas. Se va a notar y seguramente no conducirá a resultados significativos.

Tu corporalidad, tu timbre de voz y tus movimientos también hacen al éxito de la indagación. Si las personas las sienten invasivas o perciben que están en el banquillo de los acusados, aunque tus preguntas sean sinceras y genuinamente busques conocer más acerca de la persona, difícilmente obtendrás respuestas ricas en descubrimientos.

Lo mismo ocurrirá si no estamos atentos a la forma en que construimos nuestras preguntas. Hay maneras demasiado directas o "crudas" que pueden resultar impertinentes y generar resistencia en quien las escucha. Una buena pregunta debe contemplar el uso de suavizadores. ¿Qué son? Pequeñas frases que acompañan a la pregunta y ayudan a crear un contexto que beneficie la apertura del oyente. ¿Qué te parece si…? Me encantaría saber…

La precisión también es muy importante. Como ocurre en los buscadores de internet, he de ser impecable con las palabras que uso para que me lleven a encontrar lo que busco. Internet es un buen ejemplo de a dónde nos llevan las palabras. Cuando buscamos desde la negativa llegamos a la información que no buscamos; por ejemplo, si escribimos "no acoso" o "no desprecio" el buscador nos traerá como respuesta información sobre acoso y sobre desprecio. Debo escribir en positivo y usando las palabras adecuadas para recibir lo que deseo encontrar. Este método, que tan bien usamos cuando navegamos en internet, no es el que comúnmente utilizamos a diario en nuestras preguntas. Veamos un ejemplo:

Me gustaría conocer más sobre cómo redujeron el acoso. Esto no me va a llevar al mismo lugar que si pregunto. Me gustaría conocer más sobre cómo aumentaron el respeto.

Cuando entramos a comprar un traje a una tienda porque tenemos una fiesta la vendedora nos recibe con preguntas: ¿En qué puedo ayudarla? ¿Qué está buscando? ¿Qué necesita?

Son estas preguntas las que nos ayudan a enfocarnos en lo que queremos si es que no lo tenemos muy claro. La dependiente necesita esta información para poder mostrarnos sus ofertas. No pregunta en negativo: ¿Usted no busca pantalones ni shorts, verdad? ¿Qué prendas son las que usted detesta para ir a una fiesta? Si bien son datos que pueden por descarte llevarnos a encontrar el traje perfecto, es un camino muy lento y sinuoso.

Otro dato a tener en cuenta es que las preguntas han de ser cortas y claras. Una pregunta por vez y sin muchas cláusulas. Es mejor preguntar: "¿Dónde y de qué trabaja su amiga?", que preguntar: "¿Su amiga trabaja en Pérez y Compañía o tenía un trabajo independiente? Porque es profesional, ¿verdad?"

Cuando hablamos de preguntas apreciativas estamos hablando de preguntas que no tienen como objetivo explorar un problema; aunque indagar para encontrar algo valioso dentro de una situación adversa puede verse como apreciativo, poner el foco en el problema o las debilidades no lo es, porque suele llevarnos a buscar soluciones que repararán, pero que difícilmente conducirán a hacer crecer lo que en verdad se desea ver más. Cuando el foco de la indagación está en el problema, aunque se trate de una indagación con foco en descubrir lo que tiene valor en esa situación, solemos avanzar hacia acciones que conducen al control de daños, no al desarrollo.

Otro punto es que las preguntas apreciativas están escritas en afirmativo, son averiguativas y preguntan por lo que quieren ver y aprender más: ¿Qué comidas no te gustan? Nos habla de lo que la persona no quiere encontrar en su almuerzo, pero me dice poco o nada sobre lo que disfruta más comer. Mejor preguntar: ¿Qué comidas te gustan? Como comenté antes en el caso del tipo de preguntas con las que nos reciben al entrar a una tienda.

Para una organización que desea atender la situación del horario de sus trabajadores la pregunta es determinante; de ella se desprenderán las acciones y, en consecuencia, los resultados: ¿Por qué la mayoría de las personas en esta empresa llegan tarde? Es distinto a preguntar: ¿Qué hace que algunas de las personas en esta empresa lleguen temprano?

Cuando hacemos preguntas a otros somos un medio para que el otro pueda descubrir motivaciones y habilidades que por sí mismo quizá no podría encontrar. Es por ello que las preguntas apreciativas están enfocadas en las fortalezas y las capacidades porque es este aspecto de la persona el que deseamos conocer más y expandir: ¡Qué bueno lo que me contás! ¿Qué hiciste para poder lograrlo? ¿Cuáles de tus talentos te ayudaron?

Otro punto importante es que las preguntas apreciativas se interesan tanto por las ideas como por las sensaciones. ¿Cuál fue la estrategia que usaste? (ideas) ¿Cómo te sentiste durante el proceso? (sensaciones). Cuando incluimos ambos aspectos, las ideas y las sensaciones, logramos mayor riqueza en los descubrimientos, una mayor creatividad y diversidad en las proyecciones que se despierten de ellos y más compromiso y motivación para su posterior consecución.

Las preguntas son un medio que nos permite deconstruir un suceso o una experiencia y la mayoría de nosotros somos muy buenos usando este recurso con los errores y adversidades, pero no solemos usarlo con los éxitos. Tenemos la idea errónea de que desarmar, profundizar, zambullirse en las profundidades y conocer más acerca de aquello que hizo posible un éxito es una perdida de tiempo; si salió bien, ¿para qué gastar tiempo y energía en ello? Mejor miremos y preguntémonos: ¿Qué fue lo que salió mal en lo que no funciona? Creemos que es más urgente y necesario controlar los daños que promover el desarrollo.

Es imposible sacar las presunciones de las preguntas; siempre preguntamos desde nuestras creencias y modelos. Una pregunta apreciativa da por hecho el poder de la persona para manifestar el potencial y esto debe verse reflejado en su construcción. Veámoslo en ejemplos:

- Pregunta con presuposición dudosa: —Si usted lograra este objetivo, ¿cómo se beneficiaría?
- Pregunta con presuposición afirmativa: —Cuando usted logre este objetivo, ¿cómo se va a sentir?
- Pregunta con presuposición dudosa: —¿Tiene usted los recursos para resolver…?
- Pregunta con presuposición afirmativa: —De los recursos que tiene, ¿cuáles son los mejores para usar en esta situación?

Isidor Isaac Rabi, Premio Nobel de Física, contaba que al llegar de la escuela su madre siempre le decía: "¿Hiciste alguna buena pregunta hoy?". Este amor por las preguntas que le inculcó su madre alimentó su curiosidad por el mundo a su alrededor y fue una de las razones que lo condujo a sentirse atraído por la ciencia.

Hacer buenas preguntas es crucial para nuestro bienestar y calidad de vida, por lo que dedicar tiempo y energía en elaborar y entrenarnos en ser buenos preguntones es una excelente decisión. Alex Osborn, experto en creatividad y creador del Brainstorming, afirmaba: "La pregunta es la más creativa de las conductas humanas".

Si queremos descubrir el potencial escondido e incentivar su manifestación necesitamos desafiar nuestras creencias acerca del modelo de memorización y repetición de respuestas y abrirnos a aprender el arte de las preguntas apreciativas.

¡Llegó el momento de la acción!

Anímate a experimentar el poder de tus preguntas y observa su impacto. Hice una adaptación sobre una propuesta de Sallyann Rothfundadora, docente-guía del Public Conversations Project (PCP) o Proyecto de Conversaciones Públicas. Comencemos.

Antes de una reunión o conversación importante, anota varias preguntas sobre el tema a tratar. Evalúalas en términos de su poder pasándolas por el siguiente cuestionario:

- ¿Qué esperas lograr con esta pregunta? Es decir, ¿qué tipo de descubrimientos y nuevos conocimientos despertará en el oyente?
- ¿Es novedosa e innovadora como para atraer nuevas ideas y pensamientos?
- ¿Se traslucen en ella mis supuestos y proyecciones positivas sobre la persona?
- ¿Estoy siendo sincero y genuino con esta pregunta?
- ¿Va esta pregunta a generar inspiración, motivación, esperanza y miradas optimistas hacia el futuro?
- ¿Es tan abierta que deja oportunidad de continuar preguntando, profundizando y encontrando nuevos tesoros?

Observa las respuestas e intenta ver si puedes reconocer por qué ciertas preguntas son más relevantes u obligatorias que otras. Juega y cambia la construcción y su foco hasta lograr dar con la pregunta que creas que hará un buen trabajo. Pregúntate si ayudarán a encontrar lo valioso y a incitar nuevas ideas o si, por el contrario, entorpecen su exploración y la ideación positiva. Ahora sal al mundo y prueba su utilidad y verifica su impacto. Recuerda, no existe la pregunta perfecta sino aquella que hace un buen trabajo que, en el caso de las apreciativas, es encontrar tesoros escondidos, despertar estados emocionales positivos y generar ideación y acciones que hagan crecer los tesoros y pongan el potencial al servicio del bienestar y felicidad de las personas.

Cerremos este ejercicio como lo amerita: con una pregunta:

¿Cuál es la pregunta que deberías hacerte hoy?

¡Ahora sí! ¡Llegaste al punto de partida! Mi regalo ya está en tus manos y confío en que este viaje te ha transformado en un curioso y apasionado explorador que busca lo mejor de sí mismo, de las personas y del mundo a su alrededor, no solo para celebrarlo y agradecerlo, sino para multiplicarlo y expandirlo aún más.

> ❖ **Recuerda: explorar, descubrir, valorar y expandir.**
> **¡Hazlo crecer!**

Se dice que todo buen viajero es una mezcla de explorador y mensajero, es alguien que no esconde los tesoros encontrados sino que los comparte con los peregrinos que cruza en su camino. A veces lo hace a través de sus relatos o teorías; otras, serán sus comportamientos y actitudes los que dejarán la impronta del mensaje.

¿Recuerdas el prólogo? Allí te conté que el propósito principal de este libro era que te conviertas en un Activista Apreciativo, alguien que aliente y promueva en sus habitats esta mirada y que inspire a las próximas generaciones a confiar en ellos y en que sus acciones son importantes y pueden hacer una diferencia positiva en sí mismos y sus entornos. Un activista que aliente a las personas a confiar en la humanidad y que, más allá de los horrores con los que convivimos a diario y de los que se regodean las noticias, promueva la esperanza, el optimismo y la confianza en que este mundo tiene remedio, y que cada oportunidad que tengamos de dejarlo un poco mejor a nuestro paso, haremos nuestra parte; y buscaremos celebrar y fluir con la vida.

Te propongo que selles la lectura de este libro con la firma de un contrato, un contrato contigo mismo que te impulse a llevar adelante el deseo de desarrollar tus habilidades apreciativas y de este modo también inspirar a otros a sumarse a esta aventura.

Tómate un rato a solas en un lugar en el que te sientas a gusto para leerlo y completarlo. Es importante que no busques preparar el "contrato ideal"; busca que sea desafiante, pero posible de realizar para tu ritmo de vida.

Te preguntarás: ¿para qué necesito un contrato conmigo? Porque a pocas personas entrampamos y fallamos tanto como a nosotros mismos. Este ritual te permitirá dejar claras las condiciones y poder hacerte un reclamo cuando te distraigas del camino y volver a retomar tu compromiso y, si es necesario, renegociar algunos ajustes. Además, como todo ritual, tiene el efecto de sacarte del automatismo y de la toma de decisiones impulsivas para llevarte a un momento de reflexión y a conductas más conscientes.

Preferí incorporar este contrato al final del libro, para que no asumas compromisos sin antes habernos asegurado de que estas historias y los ejercicios surtieron su efecto y te disponen a iniciar un nuevo camino, orientado a los fines que persigue el ejercicio de la *Apreciatividad*.

Contrato Mundo ACOM

Yo, ...
me comprometo a trabajar en el desarrollo de mis habilidades aprecia-
tivas en los diferentes entornos de mi vida y al mismo tiempo convertirme en un Activista Apreciativo que inspire y contagie a otros.

Lo haré ejercitando las siguientes conductas:

- Estaré abierto a nuevos conocimientos.
- Realizaré los ejercicios sugeridos en este libro e incorporaré prácticas apreciativas a mi vida cotidiana.
- Dedicaré .... horas semanales al desarrollo de mis habili-dades apreciativas.
- Pediré apoyo cuando sienta que mi motivación decae.

Voy a iniciar mi proceso a partir del:

....

Voy a llevarlo adelante durante:

....

Los resultados que espero son:

....

Las reacciones positivas de las personas más allegadas probablemente serán:

....

....

....

....

Los beneficios que obtendré de este proceso son:

....

....

....

....

Es posible que me sabotee o incumpla este compromiso con las siguientes excusas:

....

....

....

Para detectar este saboteo y no detener o frenar mi objetivo voy a:

....

....

....

Utilizaré frases para motivarme a seguir como:

....

....

Evaluaré mi rendimiento y avances cada:

....

....

....

Al finalizar voy a premiarme a mí mismo con:

....

....

....

¿Qué es un Daruma?

En Japón es el emblema de los propósitos para el Año Nuevo. Las familias suelen acudir al templo a principios del año y comprar un Daruma al cual formularle un deseo o intención: al muñeco, que tiene ambos ojos en blanco, se le pinta uno de ellos en el momento de formular nuestro deseo u objetivo. El segundo ojo tendrá que esperar a que ese deseo u objetivo formulado se haga realidad.

Dicen que el Daruma trae buena suerte y una de las razones por las que se lo coloca en un lugar visible es para que al verlo nos recuerde nuestro objetivo, lo que aumenta la motivación y el compromiso.

Es el momento de pintar el ojo de tu Daruma para afianzar tu compromiso con este contrato. Luego, tómale una foto y colócala en un lugar que frecuentes en tu vida cotidiana.

Al alcanzar el objetivo pintarás el segundo ojo.

¡Buen viaje! Y, quién te dice, quizá nos crucemos en el camino.

Una cortesía de la autora

Ahora que llegaste al final (¡salvo que estés aquí espiando!) quiero darte un plus y obsequiarte más historias.

Hoy la tecnología me permite hacer simple lo que de otra manera sería complejo o costoso, así que hice uso de esta posibilidad para agregar dos relatos más a estas historias.

Quizás entres a curiosear… quizá no. Eso lo decides tú o tu intriga.

¡Aquí van!